高等职业教育新能源汽车专业系列教材

新能源汽车
驱动电机及控制技术

XINNENGYUAN QICHE
QUDONG DIANJI JI KONGZHI JISHU

主　编　张保刚
副主编　余茂生　邱晨曦　戴金腾
参　编　孙　龙（企业导师）　张文胜

图书在版编目(CIP)数据

新能源汽车驱动电机及控制技术 / 张保刚主编. — 西安：西安
交通大学出版社，2023.9
高等职业教育新能源汽车专业系列教材
ISBN 978 - 7 - 5693 - 3420 - 3

Ⅰ. ①新… Ⅱ. ①张… Ⅲ. ①新能源－汽车－驱动机构－
控制系统－高等职业教育－教材 Ⅳ. ①U469.720.3

中国国家版本馆 CIP 数据核字(2023)第 170564 号

书　　名	新能源汽车驱动电机及控制技术
	XINNENGYUAN QICHE QUDONG DIANJI JI KONGZHI JISHU
主　　编	张保刚
策划编辑	曹　昳
责任编辑	张　欣　曹　昳
责任校对	魏　萍
封面设计	任加盟

出版发行	西安交通大学出版社
	(西安市兴庆南路 1 号　邮政编码 710048)
网　　址	http://www.xjtupress.com
电　　话	(029)82668357　82667874(市场营销中心)
	(029)82668315(总编办)
传　　真	(029)82668280
印　　刷	西安五星印刷有限公司

开　　本	787 mm×1092 mm　1/16　**印张**　11.25　**字数**　260 千字
版次印次	2023 年 9 月第 1 版　　2023 年 9 月第 1 次印刷
书　　号	ISBN 978 - 7 - 5693 - 3420 - 3
定　　价	56.50 元

如发现印装质量问题，请与本社市场营销中心联系。
订购热线：(029)82665248　(029)82667874
投稿热线：(029)82668804

版权所有　侵权必究

汽车的发明与发展，为人类带来了巨大的便利，同时也带来了急需解决的两个问题，分别是能源紧张和环境污染。为此，世界各主要汽车生产国家，都将发展新能源汽车作为国家战略，加快部署。

2020年国务院办公厅印发的《新能源汽车产业发展规划（2021—2035年）》提出，到2025年新能源汽车新车销售量达到汽车新车销售总量的20%左右。党的二十大报告又指出，"以国家战略需求为导向，集聚力量进行原创性引领性科技攻关，坚决打赢关键核心技术攻坚战。加快实施一批具有战略性、全局性、前瞻性的国家重大科技项目，增强自主创新能力。"党的二十大报告为新能源汽车行业的发展指明了方向。新能源汽车作为我国战略性的新兴产业，自诞生之初就始终坚持创新引领，把科技自立自强作为产业发展重要支撑。

无论对于燃料电池汽车、纯电动汽车，还是对于混合动力汽车，驱动电机系统既是关键技术，又是共性技术，并且新能源汽车驱动电机系统与其他领域用电机有较大差异。

"驱动电机及控制技术"是新能源汽车技术专业必修的专业核心课程。本书贯彻"少而精"的教学原则，注意教材的实用性和先进性，力求概念叙述清楚，内容深入浅出。从职业能力培养的角度出发，培养学生的实际运用能力，以科学性、实用性、通用性为原则，以使教材符合职业教育汽车类课程体系设置，以内容为核心，注重形式的灵活性。

本教材以新能源汽车电机及控制技术为主要内容，包含九个任务。任务一、任务二为新能源汽车电机概述，讲述了新能源汽车所用电机的性能要求、运行模式，并介绍了驱动电机的主要技术指标、性能及应用；任务三、任务四、任务五及任务六，分别以新能源汽车常用电机直流电机、交流异步电机、永磁同步电机、开关磁阻电机为单元，从此类电机构造、运行原理、性能、检测及控制技术等方面进行了介绍和分析；任务七、任务八从驱动电机的控制方式与原理、电机控制系统结构与检测等方面进行分析，阐述了电机的控制特点；任务九介绍了轮毂电机的结构与检测方法。

本教材以职业教育工学一体化课程改革模式作为课程设置与内容选择参照点，教材主要特点是任务引领、实车为例、实用性强。本书还配套数字信息化课程教学软件，益教易学。

本教材为高职高专院校新能源汽车专业、汽车运用技术专业等教学用书，也可作为成人高等教育或汽车技术人员培训教材。

由于编者的水平有限，本教材还有很多不足，如有不妥之处，敬请广大读者批评指正。

任务一	驱动电机结构认知与应用原理	(1)
任务二	驱动电机主要技术指标、性能及应用	(10)
任务三	直流电机结构与检测	(16)
实训一	直流电机的拆装	(40)
实训二	直流电机的静态检测	(43)
任务四	交流异步电机结构与检测	(48)
实训一	交流异步电机的拆装	(64)
实训二	交流异步电机的静态检测	(67)
任务五	永磁同步电机结构与检测	(72)
实训一	交流永磁同步电机的拆装	(89)
实训二	交流永磁同步电机的静态检测	(91)
任务六	开关磁阻电机结构与检测	(96)
实训一	开关磁阻电机的拆装	(108)
实训二	开关磁阻电机的静态检测	(110)
任务七	驱动电机控制方式与原理	(116)
任务八	电机控制系统结构与检测	(147)
实训技能	电机控制系统基本检测	(160)
任务九	轮毂电机结构与检测	(167)
实训技能	轮毂电机检测	(172)

任务一

驱动电机结构认知与应用原理

学习目标

(1) 掌握驱动电机的组成。
(2) 掌握驱动电机的原理。
(3) 树立节约能源、绿色出行、低碳生活、保护生态的意识。

任务描述

驱动电机是新能源汽车的三大核心部件之一,相比传统工业驱动电机,新能源汽车驱动电机有更高的技术要求。和普通驱动电机一样,新能源驱动电机主要由定子、转子、机械结构三大部分组成。由于安装空间狭小、工作环境恶劣,并且振动大、冲击大、腐蚀严重、高温高湿等特殊原因,新能源驱动电机需要具有高密度、体积小、高功率、高扭矩、可靠性、耐久性和成本低等特点。

本任务主要学习驱动电机的结构与原理及驱动电机的类型。

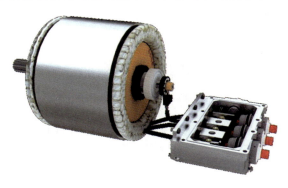

新能源汽车驱动电机及**控制技术**

在车辆行驶的过程中,驱动电机可以将电能转化为机械能,机械能经过驱动桥传递到车轮,驱动车辆行驶。在制动的过程,驱动电机可以将机械能转换为电能,储存到蓄能装置中,同时还可以提供一定的制动力,缩短车辆制动距离。在纯电动汽车中,电机是唯一的动力单元。在混合动力汽车中,电机和内燃机通过串联或并联的方式组合在一起为车辆提供动力。

一、驱动电机组件结构组成

驱动电机组件主要由驱动电机、旋转变压器、带温度检测高压互锁开关、接线盒、驱动电机壳体等组成,如图1-1所示。驱动电机是以磁场为媒介进行机械能和电能相互转换的电磁装置,是驱动电动汽车行驶的动力装置,是动力总成的核心部件,承担着电能转化的功能。

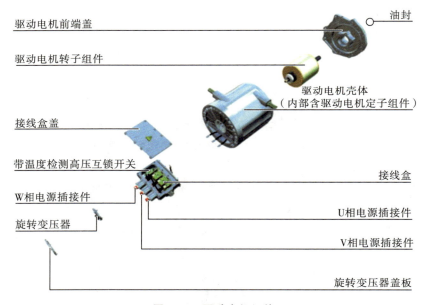

图1-1 驱动电机组件

1. 驱动电机

混合动力汽车中选用较多的是永磁同步驱动电机(permanent magnet synchronous motor,PMSM),主要由转子和定子组成,如图1-2所示。其主要参数见表1-1。

· 2 ·

图 1-2 驱动电机结构

该驱动电机具有效率高、体积小、重量轻及可靠性高等优点。永磁同步驱动电机是电驱系统的重要执行机构,是实现电能与机械能转化的部件,依靠内置传感器来提供驱动电机的工作信息,并将这些信息发送给驱动电机控制器。

表 1-1 北汽 EV160 驱动电机参数

项目	参数
额定转速	0～9000 r/min
额定功率	20 kW
峰值功率	45 kW
额定扭矩	64 N·m
峰值扭矩	144 N·m
质量	45 kg

永磁同步驱动电机具有驱动电机和发电机的双重功能。

在车辆行驶时,永磁同步驱动电机起到驱动电机的作用。驱动电机工作原理是驱动电机控制器分别控制 U 相、V 相和 W 相绕组,或者相邻绕组的通电或断电,则在相应的绕组或者相邻绕组中产生磁场,永磁转子在磁场的作用下同步旋转,如图 1-3 所示。

在车辆减速或制动时,永磁同步驱动电机起到发电机的作用。交流发电机的工作原理是车辆减速时,驱动轮通过传动装置拖动永磁同步驱动电机转子运转,旋转的永磁转子的磁场,分别切割 U 相、V 相、W 相的定子绕组且产生 U、V、W 三相交流电,如图 1-4 所示。

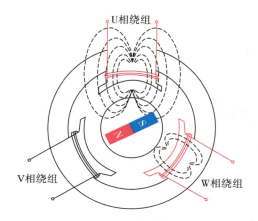

图1-3 永磁同步驱动电机-驱动电机工作原理

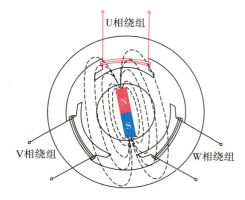

图1-4 永磁同步驱动电机-发电机工作原理

2. 旋转变压器

旋转变压器简称旋变，是一种能转动的变压器，主要由旋转变压器转子和定子组成，如图1-5所示。这种变压器的初绕组、次绕组分别放置在定子、转子上。初绕组、次绕组之间的电磁耦合程度与转子的转角有关，因此转子绕组的输出电压也与转子的转角有关。

旋转变压器可分为正余弦旋转变压器、线性旋转变压器和比例式旋转变压器，北汽EV160采用的是正余弦旋转变压器，主要用以检测驱动电机转子位置，并将检测结果传输给驱动电机控制器，经解码可获知驱动电机转速。

图1-5 旋转变压器

正余弦旋转变压器，在定子槽中分别布置有两个空间互成90°的绕组，一个是定子励磁绕组(R1-R2)，一个为定子交轴绕组(补偿)。两套绕组的结构是完全相同的，如图 1-6 所示。

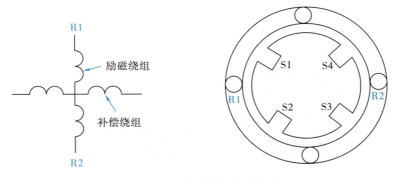

图 1-6　定子励磁绕组示意图

在转子槽中分别布置有两个空间互成 90°的绕组，一个正弦输出绕组，一个余弦输出绕组，两套绕组的结构是完全相同的，如图 1-7 所示。

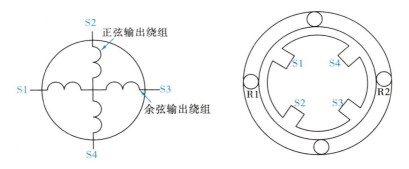

图 1-7　转子输出绕组示意图

当励磁绕组以一定的交流电压励磁时，输出绕组的电压幅值与转子转角成正弦、余弦函数关系，如图 1-8 所示。

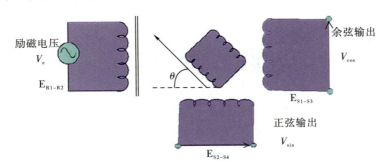

图 1-8　输出绕组电压幅值与转子转角的关系图

3. 带温度检测高压互锁开关

带温度检测高压互锁开关位于接线盒内部，主要由温度传感器和高压互锁开关组成，如图1-9所示。

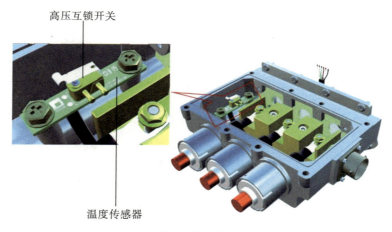

图1-9　带温度检测高压互锁开关

（1）温度传感器。

温度传感器用以检测驱动电机的绕组温度，将温度信号传输给驱动电机控制器，驱动电机控制器可以保护驱动电机避免过热。

北汽EV160采用的是PT1000温度传感器即铂电阻温度传感器，属于热敏电阻。金属铂（Pt）的电阻会随温度变化而变化，并且具有很好的稳定性，利用铂的这种物理特性制成的传感器称为铂电阻温度传感器。PT1000表示在0℃时，温度传感器电阻为1000Ω。

（2）高压互锁开关。

高压互锁开关位于接线盒内，属于一种保护装置。北汽EV160采用的是触点式互锁开关，当打开接线盒盖，互锁开关自动断开高压线路，防止维修人员发生触电危险。

二、驱动电机工作原理

当车辆行驶时，驱动电机控制器控制驱动电机使其发挥驱动电机的功能，将动力电池提供的电能转化为机械能，驱动车轮；当车辆减速或制动时，驱动电机控制器控制驱动电机使其发挥发电机的功能，将车轮的机械能转化为电能，回馈给动力电池。与此同时，旋转变压器和温度传感器，可将驱动电机的工作状态信息传输给驱动电机控制器，驱动电机控制器依据这些信息，对驱动电机实施控制和保护，如图1-10所示。驱动电机组件在工作过程中会产生大量的热，驱动电机冷却循环水管中的冷却液可将多余热量带走，使其保持在正常的温度范围。

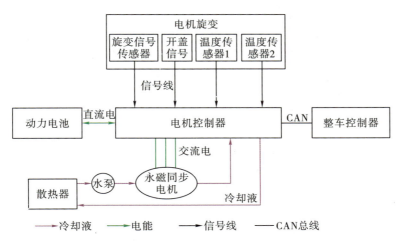

图 1-10 驱动电机组件工作原理示意图

思政扩展

发展新能源汽车，建设"资源节约型，环境友好型"社会

随着生产生活的需求，汽车的数量在不断地增多。汽车会产生各种污染：废气污染、噪声污染等。这无疑会对我们的环境造成威胁。

当前我国贯彻五大发展理念，建设"资源节约型，环境友好型"社会，同学们要坚持节约资源和保护环境的基本国策。要时刻遵循"绿水青山就是金山银山"，树立和践行习近平生态文明思想，坚持人与自然和谐共生。坚持可持续发展，加快建设资源节约型、环境友好型社会，人与自然和谐发展，推进美丽中国建设，为全球生态安全作出新贡献。国家支持节能减排，这为新能源汽车产业的发展带来了前所未有的广阔前景。

随着国产新能源汽车品牌的兴起，同学们要努力为中国成为未来全球电动汽车的领导者和主导者注入持久动力。

学习小结

(1) 驱动电机组件主要由驱动电机、旋转变压器、带温度检测高压互锁开关、接线盒、驱动电机壳体等组成。

(2) 北汽 EV160 永磁同步驱动电机具有电动机和发电机的双重功能：在车辆驱动行驶时，驱动电机起到电动机的作用；在车辆减速或制动时，驱动电机起到发电机的作用。

(3) 驱动电机工作原理：当车辆驱动行驶时，电机控制器控制电机使其发挥电动机

新能源汽车驱动电机及**控制技术**

的功能,将动力电池提供的电能转化为机械能,驱动车轮;当车辆减速或制动时,电机控制器控制电机使其发挥发电机的功能,将车轮的机械能转化为电能,回馈给动力电池。与此同时,旋转变压器和温度传感器可将驱动电机的工作状态信息传输给电机控制器,电机控制器依据这些信息,对驱动电机实施控制和保护。

(4)根据电源类型的不同,应用在电动汽车上的驱动电机主要包括:直流驱动电机、交流异步驱动电机、交流同步驱动电机以及开关磁阻驱动电机这四类。

任务一
驱动电机结构认知与应用原理

课后习题

1. 判断题

(1)在车辆行驶时，驱动电机起到发电机的作用。　　　　　　　　　(　)

(2)驱动电机有效率高、体积小、重量轻及可靠性高等特点。　　　　(　)

(3)当励磁绕组以一定的交流电压励磁时，输出绕组的电压幅值与转子转角成正弦、余弦函数关系。　　　　　　　　　　　　　　　　　　　　(　)

(4)在车辆减速或制动时，驱动电机起到发电机的作用。　　　　　　(　)

(5)北汽 EV160 采用的是正余弦旋转变压器，主要用以检测驱动电机转子位置。

(　)

2. 单选题

(1)从理论上来说，一台直流电动机既可作电动机使用，也可作发电机使用，其原理是建立在(　)和(　)的基础。

A. 电磁力　　　　　B. 安培定律　　　　　C. 电磁感应　　　　　D. 右手定则

(2)(　)作用是将直流电变成线圈中交变的电流。

A. 换向器　　　　　B. 主磁极　　　　　C. 电刷　　　　　D. 励磁绕组

(3)温度传感器用于检测电机的(　)温度，以保证电机控制器可以保护电机避免过热。

A. 永磁体　　　　　B. 绕组　　　　　C. 旋转变压器　　　　　D. 接线盒

· 9 ·

驱动电机主要技术指标、性能及应用

学习目标

（1）掌握驱动电机的主要技术指标。
（2）掌握驱动电机的性能特点。
（3）熟知驱动电机的应用。

任务描述

驱动电机是电动汽车驱动系统的核心部件，其性能的好坏直接影响电动汽车驱动系统的性能，特别是电动汽车的最高车速、加速性能及爬坡性能等。

本任务学习驱动电机的主要技术指标、型号和特点，为选取驱动电机做知识储备。

知识准备

一、驱动电机的额定指标

电动机的额定指标是指根据国家标准以及电动机的设计、试验数据而确定的额定运行数据，是电动机运行的基本依据。驱动电机的额定指标主要包括以下各项。

1. 额定功率

额定功率是指额定运行情况下轴端输出的机械功率（单位是 W 或 kW）。

2. 额定电压

额定电压是指外加于线端的电源线电压（单位是 V）。

3. 额定电流

额定电流是指电动机额定运行（额定电压、额定输出功率）情况下电枢绕组（或定子绕组）的线电流（单位是 A）。

4. 额定频率

额定频率是指驱动电机额定运行情况下电枢（或定子侧）的频率（单位是 Hz）。

5. 额定转速

额定转速是指驱动电机额定运行（额定电压、额定频率、额定输出功率）的情况下，驱动电机转子的转速（单位是 r/min）。

当电动机在额定运行情况下输出额定功率时，称为满载运行，这时驱动电机的运行性能、经济性及可靠性等均处于优良状态。当电动机的输出功率超过额定功率时称为过载运行。

二、驱动电机性能

新能源汽车行驶的特点是频繁的启动、加速、减速、停车等。在起步、低速行驶和爬坡时需要驱动电机输出高转矩，在高速行驶时需要电机输出高功率。同时驱动电机的转速范围应能满足汽车从零到最大行驶速度的要求，即要求驱动电机具有高的比能量和功率密度。因此，新能源汽车的驱动电机应满足以下要求。

（1）高电压。

在允许的范围内，尽可能采用高电压，以减小电机的工作电流，这样可以减小驱动电机的外形尺寸和内部导线等装备的尺寸，特别是可以降低逆变器的制造成本。驱动电机工作电压由 274 V 提高到 500 V 时，在外形尺寸不变的条件下，电机最高功率可由 33 kW 提高到 50 kW，最大转矩由 350 N·m 提高到 450 N·m。由此可见，驱动电机采用高电压驱动对汽车动力性能的提高极为有利。

（2）高转速、重量轻、体积小。

新能源汽车所采用的驱动电机最高转速可以达到 8000～12000 r/min。通过采用铝合金或其他轻质合金材料作为电机外壳，可以降低驱动电机整体重量，在一定程度上能够延长车辆续航里程。

（3）驱动电机能耐受 4～5 倍过载负荷，能够满足车辆短时加速行驶和最大爬坡度要求。

（4）驱动电机具有非常高的可控性、高效率、低损耗，并在车辆减速时，能进行能量回收。

（5）驱动电机的安全性应达到有关的标准和规定。

新能源汽车的动力电池和驱动电机的工作电压达 300 V 以上，因此车辆应装备高压保护装置以保证使用和维修的安全。

(6)驱动电机能够适应恶劣的工作条件。

驱动电机具有较高的工作可靠性、耐温和耐潮性，并且运行时噪声低，能够在较恶劣的环境下长期工作。

(7)运行时噪声低，减少污染。

三、驱动电机性能比较

在电动汽车发展的早期，很多电动汽车都是采用直流电机，主要是因为直流电机的产品成熟、控制方式容易且调速优良。但由于直流电机自身机械结构复杂，制约了它的瞬时过载能力，不利于电机转速的进一步提高。而且在长时间工作的情况下，电机的结构会产生损耗，提高了维护成本。此外，直流电机运转时的电刷火花会使转子发热，散热困难，还会造成高频电磁干扰。因此，目前新能源汽车上已经将直流电机淘汰。

交流异步电机的特点是定子、转子由硅钢片层叠而成，两端用铝盖封装，定子、转子之间没有相互接触的机械部件，结构简单，运行可靠耐用，维修方便。交流异步电机与同功率的直流电机相比效率更高，质量更轻。如果采用矢量控制的方式，可以获得比直流电机更宽的调速范围。但在高速运转的情况下电机的转子发热严重，工作时要保证电机冷却，同时异步电机的驱动、控制系统很复杂，电机本体的成本也偏高。

永磁同步电机根据定子绕组电流波形的不同可分为两种类型，一种是无刷直流电机，另一种是永磁同步电机。这两种电机在结构和原理上基本相同，转子都是永磁体，可减少励磁所带来的损耗，定子上安装了绕组，通过交流电来产生转矩。因此，电机冷却相对容易。由于这类电机不需要安装电刷和机械换向器，工作时不会产生换向火花，运行安全可靠，维修方便，能量利用率较高。但是由于受到永磁材料本身的限制，在高温、震动和过流的条件下，转子永磁体会产生磁衰退现象，而且永磁材料价格较高，因此整个电机及其控制系统成本较高。

相比其他类型的驱动电机而言，开关磁阻电机结构最为简单，定子、转子均为普通硅钢片叠压而成的双凸极结构，转子上没有绕组，定子装有简单的集中绕组，具有结构简单坚固、可靠性高、质量轻、成本低、效率高、易于维修等优点。但是开关磁阻电机有转矩波动大、需要位置检测和控制系统复杂等缺点。

各类型电机性能比较参见表2-1。

任务二
驱动电机主要技术指标、性能及应用

表 2 - 1 各种电机的基本性能比较

电动机性能	电机类型			
	直流电机	交流感应电机	永磁同步电机	开关磁阻电机
最大效率/%	85～89	94～95	95～97	＜90
10%负载效率/%	80～87	79～85	90～92	78～76
最高转速/(r/min)	4000～6000	9000～15000	4000～10000	＞15000
控制器成本/美元	1	3.5	2.5	4.5
机械坚固性	良	优	良	良
工作可靠性	一般	优	良	良
功率因数/%	无	82～85	90～93	76～78
电动机外廓	大	中	小	小
衡功率区	无	1∶5	1∶2.25	1∶3
控制器操作性能	最好	好	好	好

四、驱动电机的应用

1. 驱动电机在国内外的应用

全球范围看，有刷直流电机、一般同步电机、感应电机与有刷磁铁电机商品化历史最长，产品更新换代快，迄今还在应用。20 世纪 80 年代开始进入商品化的外置永磁同步电机与 20 世纪 90 年代以来研制开发的开关磁阻电机、内置式永磁同步电机以及最新的同步磁阻电机相继进入市场，并在电动汽车与混合动力汽车上获得应用。

根据电动汽车、混合动力汽车的开发应用时间来看，日本的新能源汽车产业水平较高，市场应用比较广泛。日本的新能源汽车企业从成本核算等方面考虑，先采用感应电机作为新能源汽车的驱动电机，而近几年来在批量生产的日本电动汽车车型上以采用永磁同步电机为主流。

近些年来，欧、美各车企研发的电动汽车多采用交流感应电机。其主要优点是价格较低，性能可靠；缺点是起动转矩小。日本近年来问世的电动汽车与新型混合动力汽车大多采用永磁电机。其主要优点是效率比交流感应电机高，但价格较贵。永磁材料耐热温度低于 120 ℃，而开关磁阻电机(switched reluctance motor，SRM)结构简单、起动性能好，无大的冲击电流，但噪声大。

2. 国内驱动电机在新能源汽车上的应用

新能源汽车需求的驱动电机产品，获得了一大批电驱动系统的相关知识产权，形成了具有核心竞争力的车用电驱动系统的批量生产能力。目前，我国自主开发的永磁同步电机、交流异步电机和开关磁阻电机已经能够与国内整车产业化技术配套。电机功率密度超过 1.3 kW/kg，电驱动系统最高效率达到 93％以上，系列化产品的功率范

· 13 ·

围覆盖了 200 kW 以下新能源汽车用电机动力需求，各类驱动电机的核心指标均达到相同功率等级的国际先进水平。常见厂家驱动电机性能参数如表 2-2 所示。

表 2-2 常见厂家驱动电机性能参数

厂家	额定 功率/kW	额定 转矩/(N·m)	额定 电压/V	额定 转速/(r/min)	峰值 功率/kW	峰值 转矩/(N·m)	峰值 电压/V	峰值 转速/(r/min)	外形尺寸 直径/mm
大洋	20	—	—	3000	45	128	—	9000	230
惠斯	21	100	72	2000	52	200	—	2400	—

我国电动客车以交流异步电驱动和开关磁阻电机为主，大功率电机的可靠性明显提高，已初步具备产业化条件。已建立了具有自主知识产权的交流异步驱动电机开发平台，形成了小批量生产的开发、制造、试验及服务体系。产品性能基本满足整车需求，大功率异步驱动电机已广泛应用于各类电动客车。通过示范运行和市场化应用，产品可靠性得到了验证。

开关磁阻驱动电机已形成自主设计和研发的能力，通过合理设计电机结构、改进控制技术，产品性能基本满足整车需求；部分公司已具备年产万套级的生产能力，能满足中小批量配套需求。目前部分产品已配套整车示范运行，市场反馈效果良好。

学习小结

(1)新能源汽车的驱动电机应满足以下 9 个方面的要求：

①高压电。

②高转速、重量轻、体积小。

③驱动电机具有较大的启动转矩和较大范围的调速性能。

④驱动电机能耐受 4～5 倍过载负荷的工作能力。

⑤驱动电机具有非常高的可控性、高效率、低损耗。

⑥驱动电机的安全性应达到有关标准和规定。

⑦驱动电机能够适应恶劣的工作条件。

⑧驱动电机应结构简单，适合批量生产，使用维修方便。

⑨运行时噪声小，减少污染。

(2)驱动电机的额定指标。

①额定功率。

②额定电压。

③额定电流。

④额定频率。

任务二

驱动电机主要技术指标、性能及应用

课后习题

1. 判断题

（1）驱动电机要能耐受 2～3 倍过载负荷的工作能力，能够满足车辆短时加速行驶和最大爬坡度的要求。 （   ）

（2）欧美车企近年来开发的电动汽车多采用交流感应电机。我国及日本近年来的电动汽车与新型混合动力汽车大多采用永磁电机。 （   ）

（3）我国具有丰富的稀土资源，车用电机在全球具有明显的比较优势。 （   ）

（4）我国驱动电机新技术层出不穷，在有些关键技术上取得了突破，已经形成驱动电机的产业进程。 （   ）

2. 单选题

（1）新能源汽车驱动电机主要包括直流电机、交流感应电机、永磁同步电机、开关磁阻电机几种类型，目前（   ）在新能源汽车上的应用较为广泛。

A. 直流电机　　　　B. 交流感应电机　　　C. 永磁同步电机　　　D. 开关磁阻电机

（2）新能源汽车所采用的驱动电机最高转速可以达到 8000～12000 r/min，通过采用（   ）作为电机外壳，可以降低驱动电机整体质量，在一定程度上能够延长车辆续航里程。

A. 铸铁　　　　　　B. ABS 工程塑料　　　C. 铝合金　　　　　　D. 高级铸铁

（3）由于车用电机处于（   ）的恶劣条件下运行，要求车用电机必须要适应环境，保证车辆稳定、安全运行。

A. 振动大、冲击大、高电压　　　　　　B. 振动大、灰尘多、温湿度变化大

C. 高电流、冲击大、灰尘多　　　　　　D. 振动大、灰尘多

· 15 ·

直流电机结构与检测

学习目标

(1) 描述直流电机的结构组成、类型及工作原理。
(2) 描述直流电机的性能及特点。
(3) 正确完成直流电机的拆装。
(4) 按照正确的检测步骤完成直流电机的静态检测。
(5) 培养一丝不苟的工作作风和良好的团队协作精神。

任务描述

直流电机是指能将直流电能转换成机械能(直流电动机)或将机械能转换成直流电能(直流发电机)的旋转电机。

本任务主要介绍直流电机的结构与检测。

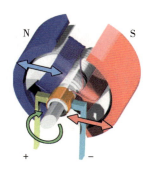

直流电机因为其具有调速性能良好、过载能力强、控制简单等优势，曾经在调速电动机领域独占鳌头，可以说 20 世纪 70 年代以前，大部分对调速性能要求较高的场

合使用的都是直流电机。直流电机也是电动车辆中应用最早且较广泛的电机。然而,直流电机存在换向火花、电刷磨损以及电机本身结构复杂等问题,随着交流变频调速技术的发展,交流调速电机后来者居上。目前直流电机仍在较多场合被使用,如城市中的无轨电车和电动叉车多采用直流驱动系统,特别是对于由蓄电池提供电源的车辆,可直接利用直流电驱动电机。

一、直流电机的组成

直流电机是由直流供电,将电能转化为机械能的旋转机械装置。它主要由定子和转子(电枢)两大部分组成,定子与转子之间有空隙,称为气隙。其外形结构和内部组成部件如图3-1所示。其中静止部分叫作定子,转动部分叫作转子或电枢。

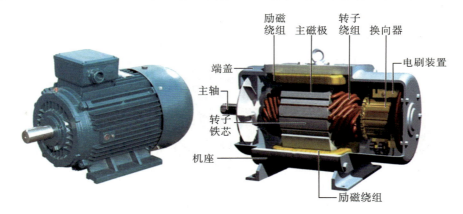

图3-1 直流电机外观及内部结构

1. 定子

定子的主要作用是产生磁场和对电机进行机械固定。直流电机的定子部分由机座、主磁极、换向极等主要部件组成,如图3-2所示。

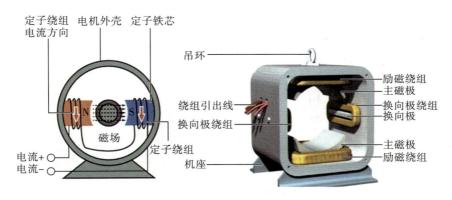

图3-2 定子结构

(1)机座。

机座又称电机外壳,它既是电机磁路的组成部分,又是用来固定主磁极、换向极、端盖等零部件的基础,起机械支撑和保护作用。这就要求机座需具有良好的导磁性能和机械强度,因此它通常采用铸铁、铸钢或厚钢板焊接而成。

机座与主磁极铁芯、磁轭和电枢铁芯一起构成直流电动机的磁路,直流电机磁极和磁路如图3-3所示。

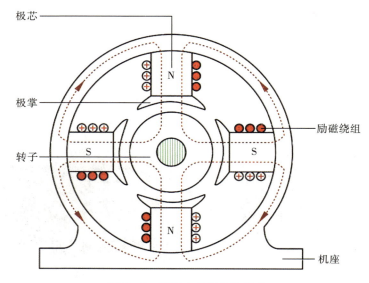

图3-3 直流电机磁极和磁路

(2)主磁极。

主磁极是励磁绕组产生的磁极,用来产生磁场。它主要由主磁极铁芯和套装在铁芯上的励磁绕组两部分组成,如图3-4所示。主磁极铁芯一般用0.5～1.5 mm的低碳钢板叠压铆紧而成,励磁绕组用绝缘铜线绕制而成,套在主磁极铁芯上。

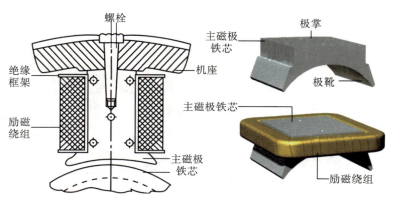

图3-4 主磁极结构

其中主磁极铁芯分为极身和极掌两部分，上面套励磁绕组的部分称为极身，下面扩宽的部分称为极掌。极掌宽于极身，既可以调整气隙中磁场的分布，又便于固定励磁绕组。整个主磁极用螺钉固定在机座上。当励磁绕组通入直流电时，主磁极即产生固定的极性，改变励磁绕组的电流方向，就可以改变主磁极的极性。

（3）换向极。

换向极的作用是改善直流电机的换向情况，使电机运行时不产生有害的火花。与主磁极一样，换向极也是由换向极铁芯和套在铁芯上的换向极绕组两部分组成，并固定在机座上，如图3-5所示。

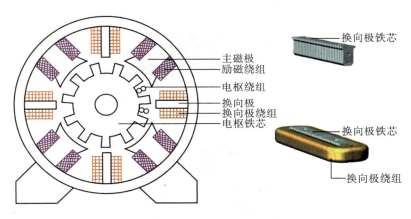

图 3-5　换向极结构

（4）电刷装置。

电刷装置的作用是连接旋转的电枢绕组与静止的外电路，将直流电流引入或引出电枢。它是由电刷盒、电刷、压紧弹簧和刷辫等部件组成，如图3-6所示。电刷放在电刷盒内，用弹簧压紧，以使电刷与换向器之间有良好的滑动接触。电刷盒固定在电刷上，电刷装在圆环形的电刷架上，相互之间必须绝缘。常常把若干个电刷盒装在同一个绝缘电刷上。在电路连接上，把同一个绝缘电刷上的电刷盒并联起来，称为一组电刷。一般在直流电动机中，电刷组的数目可以用电刷数表示，且电刷数与电动机的主磁极数相等。

各电刷在换向器外表面上沿圆周方向均匀分布，正常运行时，电刷相对于换向器表面有一个正确的位置，如果电刷的位置放得不合理，将直接影响电动机的性能。电刷架装在端盖或轴承内盖上，圆周位置可以调整，调好以后加以固定。电刷架总成如图3-7所示。

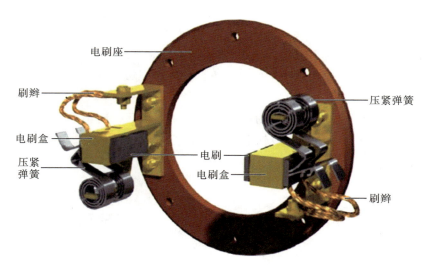

图 3-6 电刷结构

图 3-7 电刷架总成

（5）端盖。

端盖是指轴向尺寸大于径向尺寸的电动机两端的盖子，如图 3-8 所示。一般用铸铁或铸钢浇筑成型。它的主要作用是把转子固定在定子内腔中心，使转子能够在定子中均匀旋转。端盖固定在机座的两端，使电动机成为一个整体。

任务三
直流电机结构与检测

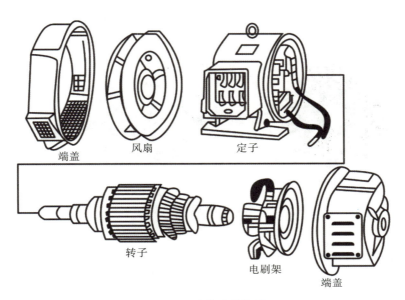

图 3-8 端盖及其位置

2. 转子

转子也叫电枢，直流电机的转子主要是由转子铁芯、转子绕组、换向器和转轴等部件组成，如图 3-9 所示。通电后，转子在磁场中受力产生电磁转矩，可带动转轴旋转。

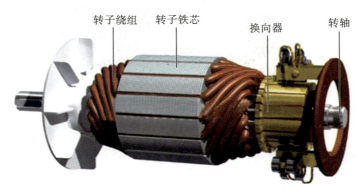

图 3-9 转子结构

(1) 转子铁芯。

转子铁芯是直流电机主磁路的主要部分，用来嵌放转子绕组。由于转子铁芯和主磁场之间的相对运动会在铁芯中引起涡流损耗和磁滞损耗（这两部分损耗合在一起称为铁芯损耗，简称"铁耗"），为了减少铁耗，转子铁芯通常用 0.35～0.55 mm 厚的涂有绝缘漆的硅钢片叠压而成，并固定在转轴上。转子铁芯沿圆周方向有均匀分布的凹槽，里面可嵌入转子绕组，如图3-10所示。

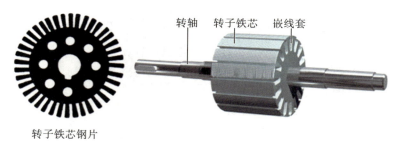

图3-10 转子铁芯

(2) 转子绕组。

转子绕组是由许多按一定规律排列和连接的线圈组成，它既是直流电动机的主要电路部分，也是产生电动势和电磁转矩进行机电能量转换的关键性部件。

转子绕组是由圆形或矩形截面的绝缘铜线绕制而成的许多个线圈，嵌放在转子铁芯的凹槽内，按一定规律与换向器上的换向片相连，如图3-11所示。转子绕组在凹槽内的部分，用绝缘槽楔压紧；其凹槽外端部分用无纬玻璃丝带绑扎。

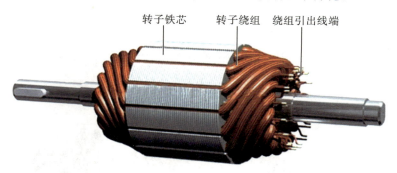

图3-11 转子绕组

(3) 换向器。

换向器亦称整流子，其作用是与电刷配合，使电枢绕组中的电流方向交替变化，以保证其电磁转矩方向始终不变。换向器是直流电机的一种特殊装置，安装在转轴上，并与转轴过盈配合。它主要由许多换向片组合成圆筒状，每两个相邻的换向片中间是间隙为0.4~1.0 mm的云母绝缘片，如图3-12所示。换向片数与电枢绕组的线圈数相等。

换向器上每片换向片的一端有高出的部分，上面嵌有线槽供线圈引出端焊接使用；而换向片的下部做成燕尾形，然后用钢制的V形套筒和V形云母环固定，称为金属换向器。小型直流电机一般采用塑料热压成型固定的换向器，称为塑料换向器。

在换向器的表面用弹簧压着固定的电刷，使转动的电枢绕组得以同外电路连接。换向器是直流电机的结构特征，易于识别。

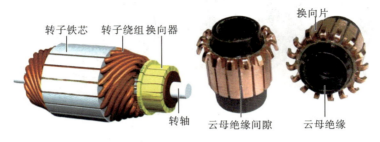

图 3-12 换向器结构

(4) 转轴。

转轴主要用于传递转矩。为使电机可靠运行，转轴一般用合金钢锻压加工而成。

3. 其他组成部分

(1) 气隙。

气隙并不是结构部件，只是定子的磁极与转子的电枢之间自然形成的缝隙，如图 3-13 所示。但是气隙是主磁路的一部分，气隙中的磁场是电机进行机电能量转换的媒介。因此，气隙的大小对电机的运行性能有很大的影响。通常小容量直流电机的气隙为 1～3 mm，大容量直流电机的气隙更大。

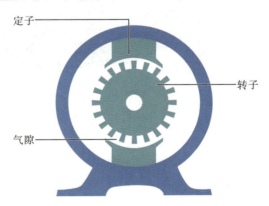

图 3-13 气隙

(2) 轴承。

电机轴承是用于支撑转轴的零部件，包含前、后两个轴承，每个轴承基本都是由外圈、内圈、钢球和保持架等部件组成，如图 3-14 所示。它既可以引导转轴的旋转，也可以承受转轴上空转的部件，使转子可以平稳旋转。轴承的可靠性直接关系到电机能否正常工作，因此一般规定电机轴承每半年要检查、清洗一次，及时发现有隐患的轴承。

新能源汽车驱动电机及**控制技术**

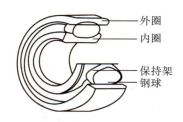

图 3-14 轴承结构

（3）风扇。

直流电机的风扇一般在转子上，通常称为内风扇，如图 3-15 所示。它的主要作用是为电机进行通风冷却并强力将电刷中的碳粉吹出。因为电机在工作过程中会产生大量热量（主要来源于转子或定子的铜损和铁损），这就需要使用电机风扇来冷却电机，避免直流电机过热烧毁。

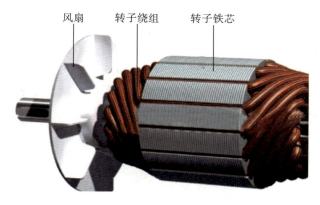

图 3-15 风扇

二、直流电机的类型

直流电机分为永磁式直流电机和绕组励磁式直流电机。在电动汽车所采用的直流电机中，小功率电机采用的是永磁式直流电机，大功率电机采用的是绕组励磁式直流电机。

1. 永磁式直流电机

永磁式直流电机包含定子永磁式直流电机和转子永磁式直流电机。

（1）定子永磁式直流电机。

定子永磁式直流电机的定子磁极是由永磁体组成的，利用永磁体提供磁场，使转子在磁场的作用下旋转，如图 3-16 所示。

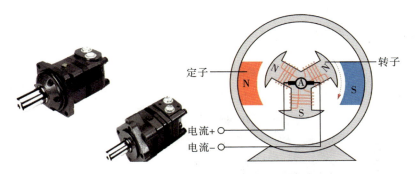

图 3-16 定子永磁式直流电机结构示意图

(2)转子永磁式直流电机。

转子永磁式直流电机的转子一般是用永磁体镶嵌在铁芯表面或嵌入铁芯内部构成,磁极是由永久磁体组成的,利用永磁体提供磁场,如图 3-17 所示。

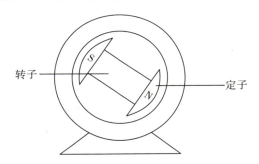

图 3-17 转子永磁式直流电机结构示意图

2. 绕组励磁式直流电机

绕组励磁式直流电机根据励磁方式不同,可分为他励式、并励式、串励式和复励式 4 种类型。

(1)他励式直流电机。

他励式直流电机的励磁绕组与电枢绕组无连接关系,而由其他直流电源对励磁绕组供电,如图 3-18 所示。因此励磁电流不受转子端电压或转子电流的影响。

他励式直流电机在运行过程中励磁磁场稳定而且容易控制,容易实现电动汽车的再生制动要求。但当采用永磁激励时,虽然电机效率高、重量和体积较小,但由于励磁磁场固定,电机的机械特性不理想,驱动电机产生不了足够大的输出转矩来满足电动汽车起步和加速时的大转矩要求。

(2)并励式直流电机。

并励式直流电机的励磁绕组与电枢绕组并联,如图 3-19 所示。共用同一电源,性能与他励式直流电机基本相同。其中励磁绕组称为并励绕组,它两端的电压就是转子

(电枢)两端的电压,但是励磁绕组用细导线绕制而成,其匝数很多,因此具有较大的电阻,使通过它的励磁电流较小。

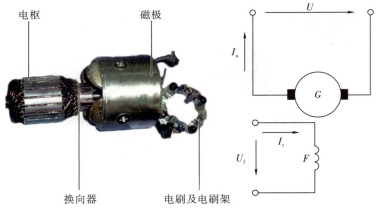

I_a—电枢电流;I_f—励磁电流;U—电源电压;U_f—励磁电压;I_r—负载电流

图 3-18 他励式直流电机电气原理示意图

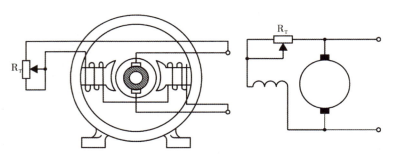

图 3-19 并励式直流电机结构与电气原理示意图

(3)串励式直流电机。

串励式直流电机的励磁绕组与电枢绕组相串联后,再接于直流电源,如图 3-20 所示。这种直流电机的励磁电流就是转子(电枢)电流,直流电机内磁场随着转子(电枢)电流改变有显著的变化。为了使励磁绕组中不引起大的损耗和电压下降,励磁绕组的电阻越小越好,所以串励式直流电机通常由较粗的导线绕成,它的匝数较少。

串励式直流电机在低速运行时,能给电动汽车提供足够大的转矩,而在高速运行时,电机电枢中的反电动势增大,与电枢串联的励磁绕组中的励磁电流减小,电机高速运行时的弱磁调速功能易于实现,因此串励式直流电机驱动系统能较好地符合电动汽车的特性要求。但串励式直流电机输出转矩会随着转速的升高而快速减小,不能满足电动汽车高速行驶时由于风阻大而需要输出较大转矩的要求。

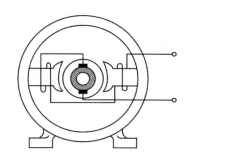
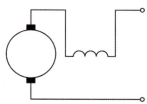

图 3-20 串励式直流电动机结构与电气原理示意图

串励式直流电机运行效率低；在实现电动汽车的再生制动时，由于没有稳定的励磁磁场，再生制动的稳定性差；另外由于再生制动需要加接触器切换，使得驱动电机控制系统的故障率较高，可靠性较差。另外，串励式直流电机的励磁绕组损耗大，体积和重量也较大。

大功率(功率大于 100 kW)的直流电机采用串励式，可用在要求低速、大转矩的专用电动车上，如矿石搬运电动车、玻璃搬运电动车等。

(4)复励式直流电机。

复励式直流电机有并励和串励两个励磁绕组，电机的磁通由两个绕组内的励磁电流产生。若串励绕组产生的磁通势与并励绕组产生的磁通势方向相同，称为积复励；若两个磁通势方向相反，则称为差复励，如图 3-21 所示。

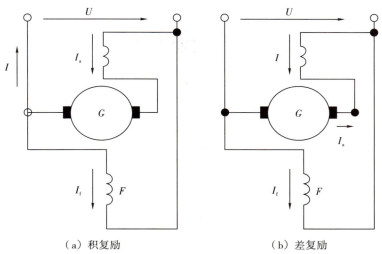

（a）积复励　　　　　　　　　（b）差复励

I_a—电枢电流；I_f—励磁电流；U—电源电压；U_f—励磁电压；I—负载电流。

图 3-21 复励式直流电机电气原理示意图

复励式直流电机的永磁励磁部分采用高磁性材料钕铁硼，运行效率高。由于电动机永磁励磁部分有稳定的磁场，因此用该类电机构成驱动系统时易实现再生制动功能。同时由于电机增加了增磁绕组，通过控制励磁绕组的励磁电流或励磁磁场的大小，能克服纯永磁他励式直流电机不能产生足够的输出转矩来满足电动汽车低速或爬坡时的大转矩要求，且电机的重量或体积比串励式直流电机小。

三、直流电机工作原理

从理论上说，一台直流电机既可作电动机使用，也可作发电机使用，其原理分别建立在电磁力和电磁感应的基础上。

1. 直流电动机的基本原理

直流电动机主要是将直流电能转换成机械能，来带动转轴机械做功。

如图 3-22 所示，将电刷 A、B 接到一个直流电源上，其中电刷 A 接电源的正极，电刷 B 接电源的负极，此时在电枢线圈中将有电流流过。

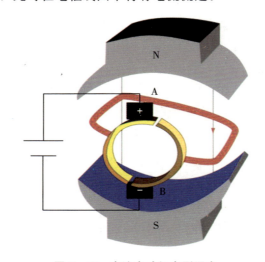

图 3-22　直流电动机电刷通电

如图 3-23 所示，位于 N 极处线圈 ab 边和位于 S 极处线圈的 cd 边通以直流电流 i，根据安培电磁力定律可知，导体中产生电磁力 F 的大小应为

$$F = BLI\sin\theta$$

式中　L——线圈导体 ab 的长度，m；

B——磁感应强度，T；

I——电流，A；

θ——B、I 在空间的夹角，(°)。

直流电动机由于有换向器和电刷，保证了 B 与 I 空间上相互垂直，$\theta=90°$。在图 3-23 所示的情况下，位于 N 极处的导体 ab 受力方向为从右向左，而位于 S 极处的导

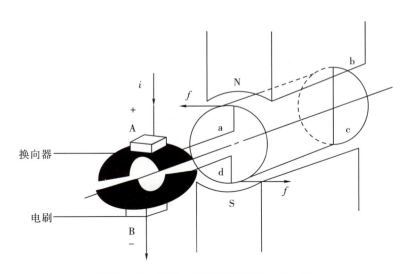

图 3-23 直流电动机(N 极处导体为 ab)

体 cd 受力方向为从左向右。该电磁力与转子半径之积即为电磁转矩,该转矩的方向为逆时针。当电磁转矩大于阻转矩时,线圈按逆时针方向旋转。

当电枢旋转到如图 3-24 所示位置时,原位于 S 极处的导体 cd 转到 N 极处,其受力方向变为从右向左;而原位于 N 极处的导体 ab 转到 S 极处,导体 ab 受力方向变为从左向右,该转矩的方向仍为逆时针方向,线圈在此转矩作用下继续按逆时针方向旋转。

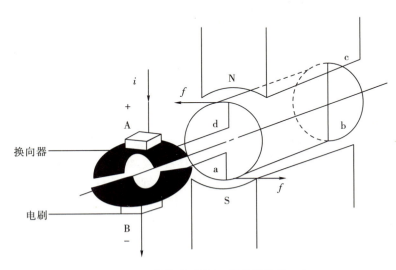

图 3-24 直流电动机(N 极处导体为 cd)

这样虽然导体中流通的电流为交变的,但 N 极处的导体受力方向和 S 极处导体的受力方向并未发生变化,电动机在此方向不变的转矩作用下转动。电刷的作用是将直流电变成线圈中的交流电。

2. 直流发电机的基本原理

直流发电机是把机械能转换为直流电能的旋转机械。

如图3-25所示为直流发电机的物理模型,其中N、S为定子磁极,abcd是固定在可旋转导磁圆柱体上的线圈,线圈连同导磁圆柱体称为电机的转子(或电枢)。线圈的首末端a、d连接到两个相互绝缘并可随线圈一同旋转的换向片上。转子线圈与外电路是通过放置在换向片上固定不动的电刷连接的。

当新能源汽车的传动系统拖动电枢沿逆时针方向旋转时,线圈abcd将产生感应电动势。此时导体ab在N极处,a点高电位,b点低电位;导体cd在S极处,c点高电位,d点低电位;电刷A极性为正,电刷B极性为负。

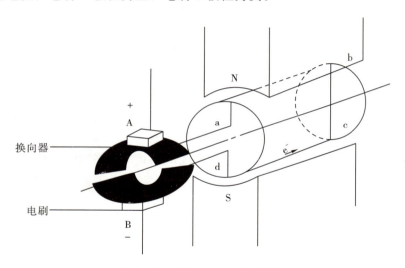

图3-25 直流发电机物理模型

当新能源汽车的传动系统拖动电枢沿逆时针方向旋转180°后,如图3-26所示位置。导体cd段正好在N极处,c点低电位,d点高电位;而导体ab段正好在S极处,a点为低电位,b点为高电位。此时电刷A极性为正,电刷B极性为负。如果这时导体所处的磁通密度为B,导体有效长度为l,导体的线速度为v,则根据法拉第电磁感应定律,每根导体感应电动势瞬时值为$e=Blv$。其方向用右手定则决定,N极处的cd导体电动势方向由c到d,而S极处的ab导体电动势方向由a到b。

电刷A引出的总是N极处导体的正电动势,而电刷B引出的总是S极处的导体的负电动势。电刷A的极性总是正的,电刷B的极性总是负的,经过电刷和换向器,即把电枢绕组内的感应交变电动势变成了由电刷A、B间输出的直流电动势。

在实际电动机中,电枢不只是一个线圈,而是由许多按一定规律连接起来的线圈组成的。由上述分析可知,同一台直流电动机,只要改变外界的条件,既可作直流电

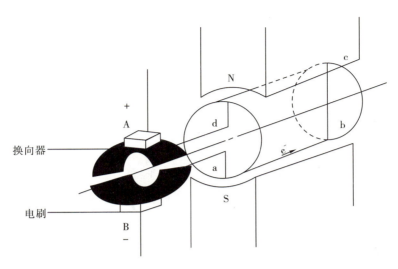

图 3-26 直流发电机物理模型

动机使用，也可当直流发电机运行。这种用同一台电动机在外界条件不同的情况下，既可用作电动机，也可做发电机运行的原理，不仅适用于直流电动机，同样也可适用于交流电动机，这是电动机理论中的普遍原理。

3. 直流电动机的可逆原理

直流电动机在一定的条件下，可作为直流发电机运行，把机械能转变为电能供给直流电源；而在另外的条件下又可把电能转换为机械能拖动机械负载，图 3-27 为直流发电机工作图片。

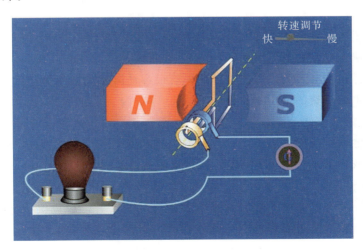

图 3-27 直流发电机工作

任何直流电机都是可逆的，但这并不是说厂家提供的直流电机可以不分发电机和电动机了。因为直流电机是有额定工作状态的，这也是制造厂家为该电机设计的最佳工作状态，若直流电动机和直流发电机混用，就会造成电机不同程度地偏离最佳工作状态，使电机的性能降低。

四、直流电动机的特点

1. 直流电动机的优缺点

（1）直流电动机优点：

①启动和调速性能好，调速范围广且调速过程平滑；

②具有优良的电磁转矩控制特性，转矩输出比较大，过载能力强；

③控制装置简单，受电磁干扰影响小，价格低廉。

（2）直流电动机缺点：

①效率较低，无法实现高转速运转；

②质量大、体积大，制造工艺复杂，生产成本高；

③可靠性低（有换向器和电刷），使用寿命短，且维护较为困难；

④直流电动机的换向火花既造成了换器的电腐蚀，还是一个无线电干扰源，会对周围的电器设备带来影响，电机的容量越大、转速越高，问题就越严重。

2. 直流电动机的应用特点

电动汽车专用的直流电动机和其他通用的电动机相比，需要注重耐高温性、抗振动性、低损耗性、抗负载波动性等。此外，还有小型轻量化、免维护性等技术上的难题需解决。

（1）抗振动性。

直流电动机与其他电动汽车用电动机相比，由于拥有较重的电枢，所以在路况凹凸不平时，车辆振动会影响到其轴承所承受的机械应力。对该机械应力进行监控和采取相应的对策是很有必要的。同时，车辆振动很容易影响到换向器和电刷的滑动接触，因此也需提高电刷弹簧的预压紧力。

（2）对环境的适应性。

鉴于直流电动机在电动汽车中使用时与在室外使用时的环境大体相同，所以要求在设计中考虑灰尘和水分入侵等问题，而且也要充分考虑散热结构。

（3）低损耗性。

为了延长一次充电续驶里程，抑制电动机温度的上升，尽量保持低损耗和高效率成为控制直流电动机的重要特性。近几年，通过对稀土系列（钴、钕、硼等）的永久磁体的研究开发，永磁无刷直流电动机中的高效率化是很显著的。

（4）抗负载波动性。

在市区和郊外行驶中，电动机的负载条件一般会有5倍左右的变动，因此有必要对额定条件的设定加以斟酌。在市区行驶中，由于交通信号以及其他状况，启动、加速工况很多，不可避免地要经常在瞬时功率（最大承受功率）情况下工作。此时，电刷的电火花和磨损非常剧烈，因此必须对换向器和补偿线圈的设计给予重点关注。

在郊外行驶时，对于电动机来说其输出转矩比较低，在高速旋转大输出功率的情况下，一般来说要以较高效率的额定条件运行。然而，在直流电动机中，在其高速旋转的情况下，对换向器部分的机械应力和换向条件的要求会变得很严格。为了避免这种情况，在大型搬运用的电动汽车驱动系统中，大多设置变速器以达到提高启动转矩的目的。

（5）小型轻量化。

由于要释放被限制的车载空间以及减轻车身总重量，因而小型轻量化成为了设计中的最大问题。而直流电动机旋转部分中含有较大比例的铜，即电枢绕组和铜制的换向器，所以与其他类型的电动机相比，直流电动机的小型轻量化更难实现。可以通过采用高磁导率、低损耗的电磁钢板减少磁性负载，虽然这增加了成本，但可以实现轻量化。

（6）免维护性。

不管怎么说，对电刷的更换和对换向器片的维护是必需的。关于电刷，虽然有连续长时间使用达一万小时的报告，但由于负载情况和运动速度等使用条件的不同，更换时间和维修作业的次数也是不同的。解决的办法是，采用不损伤换向器片材质的电刷，以及将检查端口制造得大些，以便于检查、维修等。

除此之外，电动汽车用直流电动机大多在较低的电压下驱动，同时是大电流电路，因此需要注意连接接线的接触电阻。

五、直流电动机性能

直流电动机中，影响转矩产生的电磁力可根据左手定则进行判断，由于直流电动机的驱动装置很简单，所以在早期的电动汽车以及期望获得更简单结构的电动汽车中都有应用。

1. 电动汽车中作驱动用的直流电动机特征

在电动汽车中作驱动用的直流电动机有如下特征：

① 通过对电枢电流的控制，可以非常简单地实现对转矩的线性和高速控制；

② 通过改变励磁绕组的电流，可以很容易地实现弱磁，从而使高速运行也变得简单可行；

③ 串励电动机在低速时可自动地获得大转矩。

但是，直流电动机也存在一些问题，例如，由于存在电刷、换向器等易磨损器件，所以有必要定期对其进行维护和更换，并且限于转子电枢的结构，直流电动机不适合用于高速旋转的情况等，所以与其他类型的电动机相比，直流电动机一般体积比较大。

因此，目前除了在小型汽车中广泛使用外，在其他汽车的使用中，交流电动机正日益取代直流电动机。

小功率(0.1～10 kW)的电动机采用的是小型、高效率的永磁无刷直流电动机，可以应用在小型、低速的搬运设备上。例如，在动力辅助电动自行车，休闲用电动汽车，供步行困难者使用的电动三轮、四轮汽车，轮椅中使用的动力辅助装置、高尔夫球车、叉式升降机以及小型汽车等都有实际应用。

中等功率(10～100 kW)的直流电动机中，采用他励、复励以及串励式电动机。此电动机在配送用的电动汽车上有实际应用的例子。

大功率的直流电动机沿用以前的电车技术，采用了串励电动机。例如，在要求低速、高转矩的矿石搬运电动车中，采用的是功率为278 kW的串励电动机。由于串励电动机具有适合于电动汽车的转矩特性，所以适用于要求简单且频繁加减速的运行和驱动。

2. 直流电动机的运行特性

直流电动机的运行特性包括直流电动机的工作特性和机械特性。

直流电动机的工作特性是指电动机的转速特性、转矩特性和效率特性，即在保持额定电压、额定励磁电流(他励、并励)或励磁调节不变(串励、复励)的情况下，电动机的转速、电磁转矩和效率随电枢电流(或输出功率)变化的特性。

直流电动机的机械特性是指在电源电压恒定、励磁调节电阻和电枢回路电阻不变的情况下，其转速与电磁转矩之间的关系，又称为转矩-转速特性，是电动机的重要特性。

然而不同励磁方式的直流电动机运行特性是不同的，现分别予以介绍。

1)并励(他励)直流电动机的运行特性

(1)转速特性。

并励(他励)直流电动机的转速特性：

$$n = \frac{U - R_a I_a}{C_e \varphi} = n_0 - \Delta n \tag{3-1}$$

式中　n ——电动机转速；

　　　U ——外施电源电压；

　　　R_a ——电枢电阻；

　　　I_a ——电枢电流；

　　　C_e ——电动势常数；

　　　φ ——每极磁通量；

　　　n_0 ——电动机的理想空载转速，$n_0 = \dfrac{U}{C_e \varphi}$；

　　　Δn ——转速调整率，由电枢电阻压降引起，一般为3%～8%，$\Delta n = \dfrac{R_a I_a}{C_e \varphi}$。

并励(他励)直流电动机在运行时,励磁绕组绝对不能断开。若励磁电流为 0,电枢电流迅速增大,若负载较小,则会造成"飞车"事故。

(2) 转矩特性。

并励(他励)直流电动机的转矩特性:

$$T_e = C_T \varphi I_a = C_T \varphi (I + I_f) \tag{3-2}$$

式中　T_e——电磁转矩;

　　　C_T——转矩常数;

　　　I——负载电流;

　　　I_f——励磁电流。

如果忽略电枢反应,则转矩特性是一条过原点的直线。

(3) 效率特性。

并励(他励)直流电动机的转矩特性:

$$\eta = \frac{P_2}{P_1} \times 100\% = \frac{P_2}{P_1 + P_b + P_k} \times 100\% \tag{3-3}$$

式中　P_1——输入功率;

　　　P_2——输出功率;

　　　P_b——直流电动机的不变损耗,与负载电流变化无关;

　　　P_k——直流电动机的可变损耗,随负载电流二次变化。

直流电动机的效率具有普遍意义。电动机的额定效率是指电动机额定运行时的效率。一般直流电动机的效率为 75%～85%。

并励直流电动机的工作特性如图 3-28 所示。

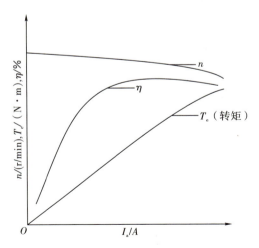

图 3-28　并励(他励)直流电动机的工作特性

(4)机械特性。

直流电动机的机械特性:

$$n=\frac{U}{C_e\varphi}-\frac{R_a+R}{C_eC_T\varphi^2}T_e=n_0-\beta T_e \qquad (3-4)$$

式中 β ——机械特性斜率,$\beta=\frac{R_a+R}{C_eC_T\varphi^2}$;

R ——电枢回路串联的电阻,Ω;

R_a——电枢电阻和电刷接触电阻之和,Ω。

当 $U=U_N$、$I_f=I_{Fn}$、$R=0$ 时,电机的机械特性为固有机械特性,它是一条穿越第一、第二和第四象限的直线,固有机械特性曲线如图 3-29 所示。

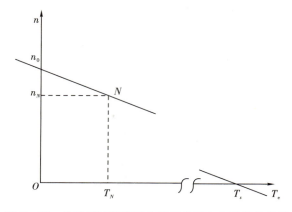

图 3-29 并励(他励)直流电动机的固有机械特性曲线

当 $0<T_e<T_s$、$n_0>n>0$、$U_N>E_a>0$ 时,运行在第一象限,称为电动运行状态。

当 $T_e<0$、$n>n_0$、$E_a>U_N$ 时,运行在第二象限,称为发电机状态,此刻电磁转矩为制动转矩,其方向与电机转速相反,输入机械功率,输出电功率。

当 $T_e>T_s$、$n<0$、$E_a<0$ 时,运行在第四象限,称为反转制动状态。

并励(他励)直流电动机的电压 U、励磁电流 I_f 和电枢回路串联的电阻 R 参数改变后,其机械特性会变化,称为人为机械特性。人为机械特性主要由电枢回路串联电阻、电枢电压和励磁电流三种。通过改变它们的参数值,可实现并励(他励)直流电动机的调速。

三种人为机械特性曲线和特点分别如图 3-30 和表 3-1 所示。

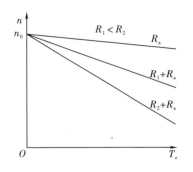
（a）改变电枢回路串联电阻时的机械特性

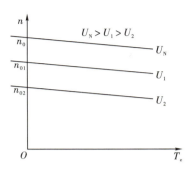
（b）改变电枢电压时的机械特性

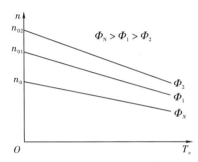
（c）改变励磁电流时的机械特性

图 3-30 并励（他励）直流电动机的人为机械特性

表 3-1 并励（他励）直流电动机人为机械特性

改变电枢回路串联电阻	改变电枢电压	改变励磁电流
①串入电阻越大，机械特性越软，转速稳定性差； ②只能从额定转速向下调速； ③损耗大，不能实现无级调速； ④设备简单，投资小	①机械特性硬度不变，转速稳定性好； ②只能从额定转速向下调速； ③铜耗与转速无关，效率高	①只能在额定转速以上调速； ②在电流较小的励磁回路内进行调节，控制方便，功率损耗小； ③可以实现较平滑的调节转速； ④由于受电动机换向能力和机械强度的限制，弱磁调速时转速不能升得太高。一般只能升到$(1.2\sim1.5)n_N$，特殊设计的弱磁调速电动机，则可升到$(3\sim4)n_N$

　　以上分析的固有机械特性和人为机械特性，都忽略了电枢反应的影响。实际上电枢反应表现为去磁效应，使机械特性出现上翘现象，会影响系统的稳定性。一般容量较小的直流电动机电枢反应引起的去磁效应不明显，可以忽略影响。对较大容量的直流电动机，可以在主磁极上加补偿绕组，产生的磁通可以补偿电枢反应的去磁部分，

使电动机的机械特性不出现上翘现象。

2)串励直流电动机的运行特性

串励直流电动机广泛应用于交通运输中,它的特点是负载电流、电枢电流和励磁电流一致,即 $I=I_a=I_f$,气隙主磁通随电枢电流的变化而变化,同时对电动机转速产生较大影响。

(1)转速特性。

串励直流电动机的转速特性:

$$n=\frac{U-(R_a+R_f)I}{C_e\varphi} \quad (3-5)$$

式中,R_f 为励磁电阻。

(2)转矩特性。

串励直流电动机的转矩特性:

$$T_e=C_T\varphi I \quad (3-6)$$

串励直流电动机的工作特性曲线如图 3-31 所示。从转矩特性可以看出,当负载增加时,串励直流电动机的转矩快速增加,但与此同时转速也快速下降,因此基本保持了功率恒定,即串励直流电动机具有恒定功率特性。

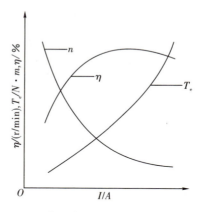

图 3-31 串励直流电动机的工作特性曲线

(3)机械特性。

串励直流电动机的特点是电枢绕组与励磁绕组串联,电枢电流等于励磁电流。当不考虑磁路饱和情况,电机的磁通正比于电枢电流,即 $\varphi=K_fI_a$,此时,串励直流电动机的电动势和电磁转矩表达式可表示为

$$E_a=C_e n\varphi=C_e K_f I_a n=C_e' n I_a \quad (3-7)$$

$$T_e=C_t\varphi I_a=C_t K_f I_f I_a=C_t' n I_a^2 \quad (3-8)$$

式中,E_a 为感应电动势。

串励直流电动机的电压方程式:

$$\begin{cases} U = E_a + I_a \times (R_a + R_f) \\ E_a = C_e \varphi n \\ U = U_a + U_f \\ I = I_a + I_f \end{cases} \quad (3-9)$$

由式(3-7)、式(3-8)、式(3-9)可写出串励直流电动机的固有机械特性，表达式：

$$n = \frac{E_a}{C_e \varphi} = \frac{U}{C'_e I_a} - \frac{R_a + R_f}{C'_e} = \frac{\sqrt{C'_t} U}{C'_e \sqrt{T_e}} - \frac{R_a + R_f}{C'_e} \quad (3-10)$$

串励直流电动机的机械特性如图3-32所示。

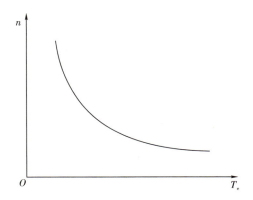

图3-32 串励直流电动机的机械特性曲线

从式(3-10)可以看出，串励直流电动机有3个特点：

① $n \propto \dfrac{1}{\sqrt{T_e}}$ 即当磁路不饱和时，串励直流电动机的机械特性是一条双曲线，当负载转矩较大时，转速下降较快，特性软。

② $T_e \to 0$，$n \to \infty$，串励直流电动机不允许空载或负载很小的情况下运行，否则，电动机的转速急剧增加，引起"飞车"现象，最终造成转子损坏。

③ $T_e \to I_a^2$，启动转矩大，过载能力强。

串励直流电动机可以通过电枢回路串联电阻，降低电源电压、励磁绕组两端并联电阻，以及采用电枢回路并联电阻等方法改变其机械特性。

3) 复励直流电动机的运行特性

复励直流电动机既有并励绕组，又有串励绕组，因此其特性介于并励电动机和串励电动机之间。当复励电动机以并励为主时，其特性接近于并励电动机；当复励电动机以串励为主时，其特性接近于串励电动机。

新能源汽车驱动电机及**控制技术**

实训一　直流电机的拆装

实训目的

(1) 能够使用正确的工具拆卸、安装直流电动机。
(2) 拆卸、安装直流电动机时的步骤顺序正确。

实训要求

(1) 工具使用正确。
(2) 注意实训作业时动作规范标准,避免安全事故的发生。
(3) 拆卸零件需要妥善安置与摆放,以防零件丢失。

实训耗材

(1) 设备准备：直流电动机。
(2) 仪器准备：直流稳压电源、直流毫伏表。
(3) 工具准备：电工工具、台虎钳(图3-33)。

台虎钳

直流稳压电源

直流毫伏表

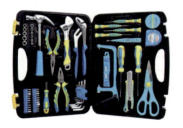

电工工具

图3-33　各种实训器材

任务三
直流电机结构与检测

操作步骤

1. 准备工作

(1)在拆卸前，要用压缩空气吹净电动机表面的灰尘，并将电动机表面擦拭干净。

(2)选择合适的拆卸电动机的地点，并清理现场环境。

(3)熟悉电动机结构特点和检修技术要求。

(4)准备好拆卸电动机所需工具(包括专用工具)。

(5)切断电源，拆开电动机外部接线并做好记录。

2. 操作步骤

(1)拆除电动机的所有接线，同时做好复位标记和记录。观察电动机的结构和铭牌并填写数据记录单。

(2)拆除换向器端的端盖螺栓和轴承盖的螺栓，并取下轴承外盖。

(3)打开端盖的通风窗，从各刷握中取出电刷，然后再拆下接在刷杆上的连接线，并做好电刷和连接线的复位标记。

(4)拆卸换向器端的端盖。拆卸时先在端盖与机座的接合处打上复位标记，然后在端盖边缘处垫以木楔，用铁锤沿端盖的边缘均匀地敲打，使端盖止口慢慢地脱开机座及轴承外圈。记好刷架的位置，取下刷架。

(5)用厚牛皮纸或布把换向器包好，以保持清洁，防止碰撞致伤。

(6)拆除轴伸出端的端盖螺钉，将连同端盖的电枢从定子内小心地抽出或吊出。操作过程中要防止擦伤绕组、铁芯和绝缘等。

(7)把连同端盖的电枢放在准备好的木架上，并用厚纸包裹好。

(8)拆除轴伸出端的轴承盖螺钉，取下轴承外盖和端盖。轴承只在有损坏时才需取下来更换，一般情况下不要拆卸。电机的装配步骤按拆卸的相反顺序进行。操作中，各部件应按复位标记和记录进行复位，装配刷架、电刷时，更需细心认真。

(9)电动机装配前，要清扫定子、转子内外表面尘垢，用沾汽油或清洗剂的棉布擦拭干净。

(10)清除电动机内部异物和浸漆留下的漆瘤，特别是座和端盖止口上的漆瘤和污垢，要用刮刀或铲刀轻轻铲除干净，铲除时不得损伤止口。

(11)检查槽楔、齿压板、绕组端部的绑扎和绝缘垫块是否松动和脱落，槽楔和绑扎的无纬玻璃丝带或绑绳是否高出铁芯表面，有问题处要及时修理。

(12)铁芯通风沟要清理干净，不得堵塞。

(13)检查绕组绝缘、引线绝缘和出线盒绝缘是否良好，有无损伤。

(14)测量绕组绝缘电阻，阻值不得低于规程的规定。

(15)检查装配的零部件是否齐全。

· 41 ·

（16）全部检查完毕并已具备装配条件时，再用0.3 MPa左右的压缩空气吹净铁芯及绕组上的灰尘，即可进行电动机装配。

（17）电动机的装配可按拆卸的相反顺序操作。

实训二　直流电机的静态检测

实训目的

（1）能够正确使用直流电动机静态检测设备对直流电动机进行静态检测。
（2）能够根据检测的内容及结果判断直流电动机的状态。

实训要求

（1）元器件布局合理。
（2）注意安全使用检测设备，不能损坏元器件。
（3）使用电子兆欧表检测电机励磁绕组对壳体绝缘性能，并判断电机状态。
（4）使用数字电桥检测励磁绕组电感值与电阻值，与厂方数据对比，判断电机是否存在断路、匝数错误、匝间断路等故障。

实训要求

（1）设备准备：直流电动机。
（2）仪器准备：数字电桥、电子兆欧表、直流毫伏表、脉冲电压测试仪、耐压测试仪。部分实训器材如图 3-34 所示。

（a）数字电桥

（b）电子兆欧表

（c）直流毫伏表

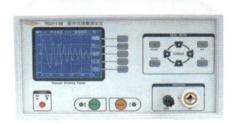

（d）脉冲电压测试仪

新能源汽车驱动电机及**控制技术**

(e) 耐压测试仪

图 3-34 各种实训器材

操作步骤

1. 直流电动机绕组绝缘性测试

(1) 将电子兆欧表正极表笔连接至电枢绕组一端,将电子兆欧表负极表笔连接至电机主轴。

(2) 启动电子兆欧表,调整兆欧表放电电压至 1000 V,调整电子兆欧表测试时间为 1 min。

(3) 观察兆欧表读数,并记录。兆欧表读数应参考厂方的标准值(一般电动机应不低于 15 MΩ),若兆欧表读数低于厂方标准值则说明电动机绕组存在绝缘性故障,需要维修。

(4) 测试完毕之后,取下兆欧表正负极表笔;使用电气连接导线,连接电枢绕组与电机主轴进行放电操作。

(5) 以同样方式测试直流电动机励磁绕组绝缘性并记录读数,需要注意的是对于励磁绕组的绝缘性检测需用电动机壳体作为负极表笔连接点。

2. 直流电动机绕组电感值与电阻值测试

(1) 拆开数字电桥,将数字电桥测试模式调整至电感测试挡。

(2) 分别连接数字电桥两支测试表笔至电动机电枢绕组两端。

(3) 观察数字电桥电感值读数,并记录。将电感值与厂方标准值相比较可以推断电枢绕组是否存在匝间短路等故障。

(4) 将数字电桥的挡位调至电阻测试挡位。

(5) 观察数字电桥电阻值读数,并记录。将电阻值与厂方标准值相比较可以推断电枢绕组是否存在匝间短路等故障。

3. 直流电动机绕组耐压性测试

(1) 打开耐压测试仪,检查耐压测试仪的急停开关是否归位,将测试电压调整旋钮扭转至最小值。

（2）将耐压测试仪的搭铁端连接到电机壳体上。

（3）将测试笔连接至励磁绕组一端。

（4）旋动测试电压调整旋钮，逐步增大测试电压；观察耐压测试仪仪表，当超漏灯亮起，则说明电机已经达到最大耐压值。

（5）记录耐压值数据，并与厂方标准数值相比较，如果耐压值低于厂方规定值则说明电机存在绝缘故障的风险。

（6）断开耐压测试仪与电动机连接。

（7）使用电气连接导线，连接励磁绕组一端与电机壳体，进行放电操作。

学习小结

（1）直流电动机是由直流供电，将电能转化为机械能的旋转机械装置。

（2）直流电动机主要组成：

①定子——其作用是建立主磁场；

②转子——其作用是完成电能到机械能的转换；

③气隙——定子的磁极与转子的电枢之间的缝隙；

④轴承——用于支撑转轴的零部件；

⑤风扇——为电动机进行通风冷却并强力将电刷中的碳粉吹出。

（3）直流电动机分类：

①永磁式直流电动机，包括定子永磁式直流电动机、转子永磁式直流电动机；

②绕组励磁式直流电动机，包括他励式直流电动机、并励式直流电动机、串励式直流电动机、复励式直流电动机。

（4）直流电动机在一定的条件下，可作为直流发电机运行，把机械能转变为电能供给直流电源；而在另外的条件下又可把电能转换为机械能拖动机械负载。

（5）直流电动机优点：

①启动和调速性能好，调速范围广且调速过程平滑；

②具有优良的电磁转矩控制特性，转矩输出比较大，过载能力强；

③控制装置简单，受电磁干扰影响小，价格低廉。

（6）直流电动机缺点：

①效率较低，无法实现高转速运转；

②质量大、体积大，制造工艺复杂，生产成本高；

③可靠性低（有换向器和电刷），使用寿命短，且维护较为困难。

（7）直流电动机的换向火花既造成了换向器的电腐蚀，还是一个无线电干扰源，会对周围的电器设备带来影响，电机的容量越大、转速越高，问题就越严重。

（8）直流电动机的应用特点：抗振动性、对环境适应性、低损耗性、抗负载波动性、小型轻量化、免维护性。

(9)在电动汽车中作驱动用的直流电动机有如下特征：

①通过对电枢电流的控制，可以非常简单地实现对转矩的线性和高速控制；

②通过改变励磁绕组的电流，可以很容易实现弱磁，从而使高速运行也变得简单可行。

(10)串励电动机在低速时可自动地获得大转矩。

(11)并励(他励)直流电动机的转速特性：

$$n=\frac{U-R_aI_a}{C_e\varphi}=n_0-\Delta n$$

(12)并励(他励)直流电动机的转矩特性：

$$T_e=C_T\varphi I_a=C_T\varphi(I+I_f)$$

(13)并励(他励)直流电动机的转矩特性：

$$\eta=\frac{P_2}{P_1}\times 100\%=\frac{P_2}{P_1+P_b+P_k}\times 100\%$$

(14)直流电动机的机械特性：

$$n=\frac{U}{C_e\varphi}-\frac{R_a+R}{C_eC_T\varphi^2}T_e=n_0-\beta T_e$$

(15)串励直流电动机的转速特性：

$$n=\frac{U-(R_a+R_f)I}{C_e\varphi}$$

(16)串励直流电动机的转矩特性：

$$T_e=C_T\varphi I$$

(17)串励直流电动机的电动势和电磁转矩表达式：

$$E_a=C_en\varphi=C_eK_fI_an=C'_enI_a$$

任务三
直流电机结构与检测

课后习题

1. 判断题

(1)适当提高直流电动机的工作电压可以提高电动机的输出扭矩和功率。（　　）

(2)电动汽车的直流电动机转子直径要小一些，而转子轴长要长一些。（　　）

(3)汽车对驱动系统直流电动机的要求是低速高转矩、高速低转矩。（　　）

(4)无刷直流电动机用位置传感器代替了原有的电刷来实现转子换向。（　　）

(5)直流电动机驱动的车辆在减速时，直流电动机可进行制动能量回收。（　　）

(6)直流驱动系统与其他驱动系统相比，已处于劣势将被逐渐淘汰。（　　）

(7)电动汽车直流电机驱动系统中通常采用串励电机和他励电动机。（　　）

(8)额定功率值等于额定电压与额定电流的乘积再乘以额定效率。（　　）

(9)在大型的电动汽车驱动系统中大多设置变速器以达到提高启动转矩的目的。

（　　）

(10)装配时，拧紧端盖螺栓，必须四周用力均匀，按顺时针方向拧紧。（　　）

2. 单选题

(1)具有较强的过载能力的直流电动机是（　　）。

A. 他励直流电动机 　　　　　　　 B. 并励直流电动机

C. 串励直流电动机 　　　　　　　 D. 复励直流电动机

(2)具有易于调速特点的直流电动机是（　　）。

A. 他励直流电动机 　　　　　　　 B. 并励直流电动机

C. 串励直流电动机 　　　　　　　 D. 复励直流电动机

(3)下列哪个部件不属于有刷直流电动机的装置？（　　）

A. 转子 　　　　 B. 定子 　　　　 C. 电刷装置 　　　　 D. 位置传感器

(4)下列哪个参数通常不被标注在电动机的铭牌上？（　　）

A. 额定电压 　　 B. 额定转矩 　　 C. 额定电流 　　 D. 额定转速

(5)汽车对驱动系统电动机的要求是（　　）。

A. 低速低扭矩、高速高扭矩 　　　 B. 低速低功率、高速高功率

C. 低速高扭矩、高速低扭矩 　　　 D. 低速高功率、高速低功率

· 47 ·

交流异步电机结构与检测

学习目标

（1）掌握交流异步电机的类型、组成及工作原理。
（2）掌握交流异步电机的特点和性能。
（3）正确完成交流异步电机的拆装。
（4）能按照正确的检测步骤完成交流异步电机的静态检测。
（5）激发创新创业意识，刻苦钻研精神和工匠精神，提高学以致用的综合能力。

任务描述

交流异步电机具有结构简单、价格便宜、运行可靠、维护方便、效率较高等诸多优点，是中小型电动机的主导产品。

本任务主要介绍了交流异步电机的结构、特点、性能与检测。

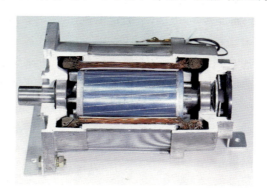

任务四
交流异步电机结构与检测

知识准备

交流异步电机又称交流感应电机,即转子置于旋转磁场中,在旋转磁场的作用下,获得一个转动力矩,促使转子转动。从技术水平来看,交流感应电机驱动系统是新能源汽车的理想选择,尤其适用于功率需求较大的电动客车。

一、交流异步电机类型

交流异步电机的种类很多,最常见的是按转子结构和定子绕组相数进行分类。

1. 按转子结构分类

按照转子结构来分,交流异步电机可分为笼型异步电机和绕线型异步电机。

1)笼型异步电机

笼型异步电机是指转子绕组由插入转子槽中的多根导条和两个环行的端环组成。若去掉转子铁芯,整个绕组的外形像一个鼠笼,故称笼型绕组,如图 4-1 所示。小型笼型电机采用铸铝转子绕组,对于 100 kW 以上的电机采用铜条和铜端环焊接而成。

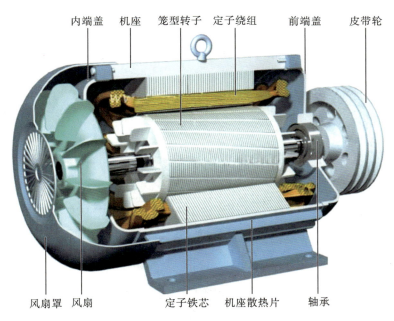

图 4-1 笼型异步电动机

2)绕线型异步电机

绕线型异步电机的电机转子是铜线绕制的线圈,线圈末端是通过滑环引到启动控制设备上,因此绕线型电机具有启动电流小、启动转矩大等特性,如图 4-2 所示。

新能源汽车驱动电机及**控制技术**

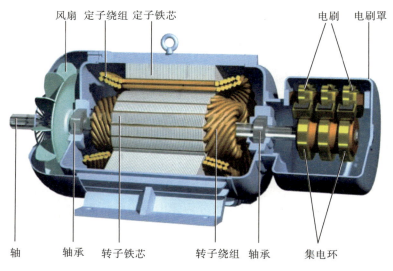

图 4-2 绕线型异步电机

2. 按定子绕组相数分类

按照定子绕组相数来分，交流感应电机可分为单相异步电动机和三相异步电动机。

1) 单相异步电机

单相异步电机是指采用单相电源（一根相线、一根零线构成的交流 220 V 电源）进行供电的小功率交流感应电动机。

单相异步电机也是由静止的定子、旋转的转子、转轴、轴承、端盖等部件组成的，如图 4-3 所示。

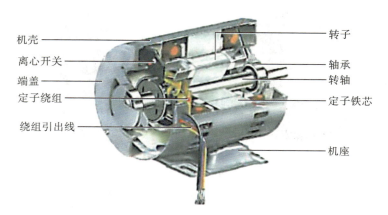

图 4-3 单相异步电机的结构

2) 三相异步电机

三相异步电机是指采用三相电源（三根相线构成的交流 380 V 电源）供电的交流感

应电机。

三相异步电机与其他交流感应电机结构相似,同样是由静止的定子、旋转的转子、转轴、风扇、外壳等部件构成的,如图4-4所示。

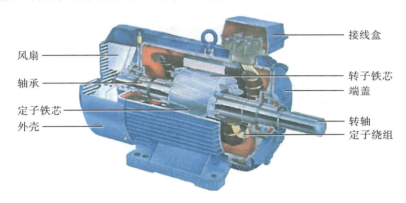

图4-4 三相异步电机的结构

二、交流异步电机组成

交流异步电机种类很多,但各类交流异步电机的结构基本相同。交流异步电机主要由定子和转子两大部分组成,定子与转子之间有气隙。此外,还有端盖、轴承、风扇等部件,如图4-5所示。其中静止部分叫作定子,转动部分叫作转子。

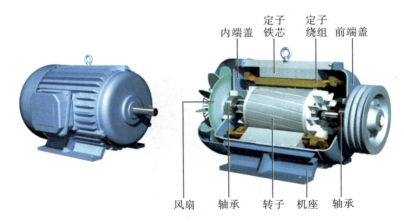

图4-5 交流异步电机的结构

1. 定子

定子是用于产生旋转磁场的,交流感应电机的定子是由定子铁芯、定子绕组和机座等部件组成,如图4-6所示。

· 51 ·

新能源汽车驱动电机及**控制技术**

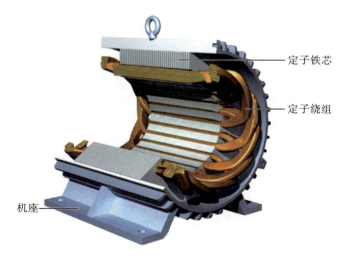

图 4-6 定子结构

1）定子铁芯

定子铁芯是交流感应电机磁路的一部分，并在其上嵌放定子绕组。为了使交流感应电机能产生较大的电磁转矩，定子铁芯一般由导磁性能好、表面涂有绝缘漆（约 0.35～0.5 mm 厚）的硅钢片叠压而成，如图 4-7 所示。采用硅钢片是为了减少铁损，片间绝缘可减少铁芯的涡流损耗。定子铁芯内圆有均匀分布的槽口，用来嵌放定子绕组。定子铁芯槽的类型有半闭口型槽、半开口型槽和开口型槽三种。

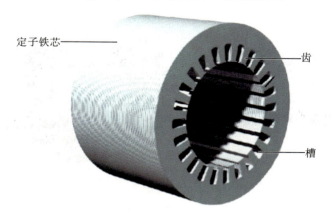

图 4-7 定子铁芯

2）定子绕组

定子绕组是交流感应电动机的电路部分，它由线圈按一定规律连接而成。如三相异步电动机有三个独立的绕组，每个绕组包括若干线圈。每个绕组称为一个相，三个绕组在空间互相间隔 120°，通入三相交流电会产生旋转磁场。线圈由绝缘铜导线或绝

· 52 ·

缘铝导线绕制而成。中小型三相异步电动机多采用圆漆包线，大中型三相异步电机的定子线圈则用较大截面的绝缘扁铜线或扁铝线绕制后，再按一定规律嵌入定子铁芯线槽内。三相异步电机定子绕组如图4-8所示。

图4-8　三相异步电机定子绕组

3）机座

机座主要用于固定定子铁芯与前后端盖，以支撑转子，并起防护、散热等作用。机座通常为铸铁件，大型异步电机机座一般用钢板焊成，微型电机的机座采用铸铝件。封闭式电机的机座外表面有均匀分布的散热片以增加散热面积，防护式电机的机座两端端盖有通风孔，使电机内外的空气可直接对流，以便散热，如图4-9所示。

图4-9　机座结构

2. 转子

交流感应电机的转子主要是由转子铁芯、转子绕组和转轴等部件组成，如图4-10所示。

图4-10 转子结构

1）转子铁芯

转子铁芯也是电机磁路的一部分，并在铁芯槽内放置转子绕组，转子铁芯所用材料与定子一样，是由0.35～0.5 mm厚的硅钢片冲制、叠压而成，硅钢片外圆冲有均匀分布的孔，用来安置转子绕组。通常用定子铁芯冲落后的硅钢片内圆来冲制转子铁芯，如图4-11所示。一般小型交流感应电机的转子铁芯直接压装在转轴上，大、中型异步电机的转子铁芯则借助于转子支架压在转轴上。

图4-11 转子铁芯结构

转子铁芯与定子铁芯一样都是由彼此绝缘的硅钢片叠成的，但二者所处位置不同：定子铁芯装在机座内，转子铁芯装在转轴上。另外，定子铁芯与转子铁芯冲槽位置也不同。定子铁芯内圆周表面有冲槽，用以放置定子绕组；而转子铁芯外圆周表面有冲槽，用以放置转子绕组。

2)转子绕组

转子绕组主要用于产生电磁转矩。三相电流产生的旋转磁场切割转子导体(铜或铝),便在其中感应出电动势和电流,转子电流同旋转磁场相互作用而产生的电磁转矩使电动机转动起来。转子绕组分为鼠笼式转子绕组和绕线式转子绕组。

(1)鼠笼式转子绕组。

在转子铁芯的每一槽内插入一根铜条,并在铁芯两端使用一铜环(称为端环)把导条连接起来,形成一个闭合的多相(每根导条为一相)对称绕组,如图 4-12(a)所示。也可用铸铝的方法,把转子导条、端环和风叶用铝液一次浇铸成形,如图 4-12(b)所示,这种转子也称铸铝转子。

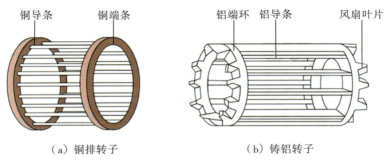

(a)铜排转子　　　　　(b)铸铝转子

图 4-12　鼠笼式交流电机的转子绕组

目前,中小型鼠笼式电动机,大都是在转子槽中浇铸铝液而铸成的鼠笼,它的端环也用铝液同时铸成,并且在端环上铸出许多叶片作为冷却用的风扇,如图 4-12(b)所示。这样,不但可以简化制造工艺,以铝代铜,而且可以制成各种特殊形状的转子槽形和斜槽结构(即转子槽不与轴线平行而是歪扭一个角度),如图 4-13 所示。从而能改善电动机的启动性能,减少运行时的噪声。

图 4-13　鼠笼式交流电机的转子(斜槽结构转子)

(2) 绕线式转子绕组。

绕线式转子绕组与定子绕组一样，也是由绝缘导线做成的三相绕组。三相绕组通常接成星形，它的三个引出钱接到三个滑环上。这三个滑环也固定在转轴上，并且滑环与滑环之间、滑环与转轴之间都互相绝缘，三相绕组分别接到三个滑环上，靠滑环与电刷的滑动接融，再与外电路的三相可变电阻器相接，以便改善电机的启动和调速性能，如图4-14所示。

采用绕线式转子的异步电机比鼠笼式异步电动机的结构复杂，成本也较高，但具有较好的启动性能，即启动电流较小，启动转矩较大，因此，绕线式电机适用于对启动有特殊要求的调速场所。

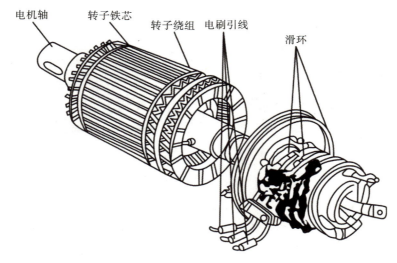

图4-14 绕线式交流电机的转子

3. 气隙

气隙并不是结构部件，而是交流感应电机的定子与转子之间的空气隙。交流感应电机的气隙比直流电机的气隙小得多，一般仅为0.2~1.5 mm，如图4-15所示。气隙的大小对电机性能的影响很大，气隙大时产生的气隙转矩小，会使电机运行时的功率因数降低；气隙太小时会引起装配困难，如果内有异物或转轴有径向移动时容易卡堵，导致电机运行不可靠，高次谐波磁场增强，会引起附加损耗，使电机启动性能变差。

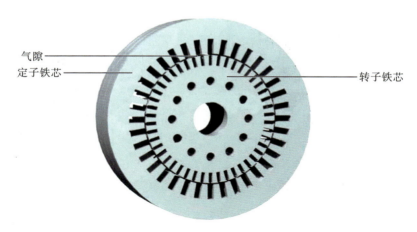

图 4-15 气隙

三、交流异步电机的工作原理

交流感应电机是根据电磁感应原理制成的，通过三相交流电的定子绕组所产生的旋转磁场切割电机转子，获得转矩。由于交流感应电机类型多样，这里以三相交流异步电机为例，阐述其工作原理。

1. 三相异步电机旋转磁场的产生

三相异步电机的定子绕组嵌放在定子铁芯槽内，按一定规律连接成三相对称结构。三相定子绕组 U_1U_2、V_1V_2、W_1W_2 在空间互成 120°，它可以连接成 Y 形，也可以连接成 △ 形，如图 4-16 所示。

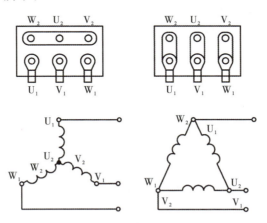

图 4-16 三相定子绕组的接法

当定子绕组中通入三相电流后，它们共同产生的合成磁场随电流的交变而在空间不断地旋转着，这就是旋转磁场，如图 4-17 所示。

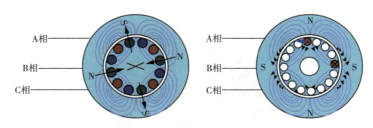

图 4-17 旋转磁场的产生

旋转磁场同磁极在空间旋转所起的作用是一样的：三相电流产生的旋转磁场切割转子导体（铜或铝），便在其中感应出电动势和电流，转子电流同旋转磁场相互作用而产生的电磁转矩使电机转动起来。

2. 三相异步电机旋转方向的改变

电机的转子转动的方向和磁场旋转的方向是相同的，若要电机反转，必须改变磁场的旋转方向。在三相电流中，电流出现正幅值的顺序为 $U_1 \rightarrow V_1 \rightarrow W_1$，因此磁场的旋转方向与这个顺序是一致的，即磁场的转向与通入绕组的三相电流的相序有关。如果将三相电源连接的三根导线中的任意两根的一端对调位置，例如：对调了 V_1 与 W_1 两相，则电动机三相绕组的 V_1 相与 W_1 相对调（注意：电源三相端子的相序未变），旋转磁场因此反转，电机也就跟着改变转动方向。

3. 三相异步电机的工作过程

如图 4-18 所示为三相异步电机的工作原理示意图。当三相异步电机的三相定子绕组通入三相交流电后，将产生一个旋转磁场，该旋转磁场切割转子绕组，从而在转子绕组中产生感应电动势，电动势的方向由右手定则来确定。由于转子绕组是闭合通路，转子中便有电流产生，电流方向与电动势方向相同，而载流的转子导体在定子旋转磁场作用下将产生电磁力，电磁力的方向可用左手定则确定。由电磁力产生电磁转矩，驱动电机旋转，并且电机旋转方向与旋转磁场方向相同。

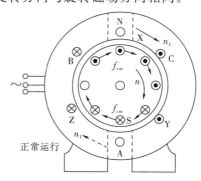

图 4-18 三相异步电机的工作原理示意图

A、B、C—定子绕组首端；X、Y、Z—定子绕组尾端；n_1—定子旋转磁场的同步转速，r/min；
n—转子转速，r/min；N、S—磁场南极、北极；f_{em}—转子绕组所受电磁力。

三相异步电机的转子转速不等于定子旋转磁场的同步转速，这是三相异步电机的主要特点。

如果电机转子轴上带有机械负载，则负载被电磁转矩拖动而旋转。当负载发生变化时，转子转速也随之发生变化，使转子导体中的电动势、电流和电磁转矩发生相应变化，以适应负载需要。因此，三相异步电机的转速是随负载变化而变化的。

三相异步电机的转子转速与定子旋转磁场的同步转速之间存在转速差，它的大小决定着转子电动势及其频率的大小，直接影响异步电机的工作状态。通常将转速差与同步转速的比值，用转差率表示。

$$S_n = \frac{n_1 - n}{n_1} \qquad (4-1)$$

式中　S_n——电机转差率；

　　　n_1——定子旋转磁场的同步转速，r/min；

　　　n——转子转速，r/min。

转差率是异步电机运行时的一个重要物理量。异步电机运行时，取值范围为 $0 < S_n < 1$；在额度负载条件下运行时，一般额定转差率为 0.01～0.06。

四、交流异步电机的特点

1. 交流异步电机的优点

交流异步电机与其他电机相比，具有以下优点：

(1)使用了鼠笼式转子绕组代替了线圈绕组，质量较轻，用材节约，造价低廉。

(2)相较于直流电机，交流异步电机结构简单，维护容易，对使用环境要求低。

(3)交流异步电机运行平稳、可靠，噪声较小，使用寿命长。

(4)由于交流异步电机转子的转速低于旋转磁场的转速，因此电机控制器可以开环控制交流异步电机，在没有转子位置传感器的情况下也能驱动电动机平稳工作。一部分交流异步电机可直接由市电或变频器供电驱动运转。

(5)结构多样化，应用范围广，多用于民用、工业与农业，适应能力强。

2. 交流异步电机的缺点

交流异步电机存在以下缺点：

(1)由于交流异步电机机械特性较软，当电机负荷改变时，转速波动较大，不适宜用于负荷多变且转速要求高的工作场合。

(2)功率因数滞后，轻载功率因数低，调速性能稍差。

(3)调速较为困难，调速时对控制器要求很高，电机控制器造价较高。

(4)启动电流较大，但启动转矩较小，且峰值转矩较小，难以满足带负载启动的需要。

由此可见，交流异步电机质量轻，转动惯量小，运行平稳，噪声较小，适合电动汽车舒适性能的需要，且成本较低。交流异步电机得到特斯拉电动汽车品牌的青睐，在其推出的主流电动汽车中得到了普遍应用。

五、交流异步电机性能

由于交流感应电机类型多样，这里以三相异步电机为例，主要从工作特性、机械特性和制动特性三方面介绍三相异步电机的性能。

1. 三相异步电机的工作特性

三相异步电机的工作特性是指电机在保持额定电压和额定频率不变的情况下，其转速 n、电磁转矩 T、定子电流 I_1、效率 η 和功率因数 $\cos\varphi_1$ 随输出功率 P_2 变化的特性。一般通过负载试验来测取。图 4-19 所示为异步电机的工作特性。

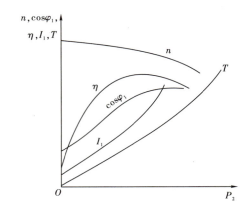

图 4-19　三相异步电机的工作特性

工作特性是异步电机的重要特性，特别是其中的转速特性、定子电流特性等，均会对异步电机的工作特性产生重要影响。转速特性和转矩特性关系到电机与机械负载匹配的合理性；定子电流特性可以表明电机的发热情况，关系到电机运行的可靠性和使用寿命；效率特性和功率因数特性关系到电机运行的经济性。

（1）转速特性 $n=f(P_2)$。

异步电机的转差率 s 是很重要的，它不但与转速有关，而且与功率有关。

$$s=\frac{P_{Cu_2}}{P_M}=\frac{3I_2'^2 r_2'}{3E_2' I_2' \cos\varphi_2'}=\frac{I_2' r_2'}{E_2' \cos\varphi_2'} \qquad (4-2)$$

式中，P_{Cu_2} 为转子铜损。

当电机正常工作时，E_2' 和 $\cos\varphi_2'$ 变化不大，所以转差率 s 差不多与转子电流 I_2' 成正比。理想空载时，$I_2'=0$ 则 $s=0$，故 $n=n_1$。随着负载的增加，转子电流 I_2 增大以产生更大的电磁转矩与负载转矩平衡。因此随着输出功率 P_2 的增大，转差率 s 也增大，转速 n 则降低。为了保证电机有较高的功率，负载时的转子铜耗不能太大，因此负载时的转差率限制为一个很小的数值，额定负载时的转差率 $s_N=0.02\sim0.06$，相应的额

定转速 $n_N = (1-s_N) \times n_1 = (0.98 \sim 0.94) \times n_1$，所以三相异步电机的转速特性 $n = f(P_2)$ 是一根对横轴稍微下降的曲线。

(2)定子电流特性 $I_1 = f(P_2)$。

由磁势平衡方程式的电流形式 $I_1 = I_0 + (-I'_2)$ 可知，理想空载时 $I'_2 = 0$，所以，$I_1 = I_0$。随着负载的增加，转子电流增大，定子电流及磁势也随之增大，从而抵消转子电流产生的磁势，以保证磁势的平衡，所以定子电流随 P_2 的增大而增大。

(3)功率因数特性 $\cos\varphi_1 = f(P_2)$。

三相异步电机是从滞后的无功功率进行励磁的，空载时定子电流基本上是励磁电流，功率因数很低，仅为 $0.1 \sim 0.2$。随着负载的增加，I'_1 增大且转子电路功率因数 $\cos\varphi'_1 = (r'_1/s)/\sqrt{(r'_1/s)^2 + X'^2_1}$($r'_1$ 为转子电阻，X'_1 为转子漏抗)较高，所以定子电流 I'_1 中的有功分量增加使功率因数上升。在额定负载附近，功率因数达到最大值。超过额定负载后，由于转速降低但转差率 s 明显增大，转子电流功率因数下降较多，使定子电流中与之平衡的无功分量增大，功率因数有所下降。

(4)转矩特性 $T = f(P_2)$。

稳态运行时三相异步电机的电磁转矩：

$$T = T_0 + T_2 = T_0 + \frac{P_2}{\Omega} \tag{4-3}$$

考虑到三相异步电机从空载到满载，转速 Ω 变化不大，而空载制动转矩 T_0 又可以认为基本不变，所以电磁转矩特性 $T = f(P_2)$ 近似为一条斜率为 $1/\Omega$ 的直线。

(5)效率特性 $\eta = f(P_2)$。

效率的计算公式：

$$\eta = \frac{P_2}{P_1} = \frac{P_2}{P_2 + P_{Cu_1} + P_{Fe} + P_{Cu_2} + P_\Omega + P_S} \tag{4-4}$$

由式(4-4)可知当三相异步电机损耗功率中的不变损耗等于可变损耗时，效率最高。对于中小型异步电机，最大效率大约出现在额定负载的 3/4 处。

2. 三相异步电机的机械特性

三相异步电机的机械特性是指电机在恒定电压和恒定频率的情况下，其转速与转矩之间的关系，是电机的重要特性。机械特性曲线一般包括异步电机的启动转矩，启动过程的最小转矩、最大转矩、额定转速、同步转速等重要技术数据，以及电机转速随转矩变化的情况。

三相异步电机的机械特性分为自然机械特性和人为机械特性。

在电源电压和频率恒定且定子、转子回路不接入任何附加设备时的机械特性称为自然机械特性，转矩与转差率 s 的关系曲线 $T = f(s)$ 和 $n = f(T)$ 分别如图 4-20(a)和图 4-20(b)所示。

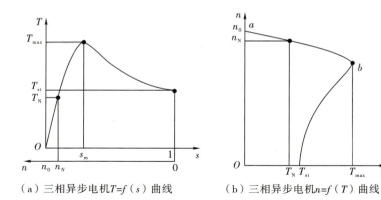

（a）三相异步电机 T=f（s）曲线　　（b）三相异步电机 n=f（T）曲线

图 4-20　三相异步电机的自然机械特性曲线

由电源电压、电源频率、电动机极对数、定子或转子回路接入其他附属设备，其中任意一项改变得到的机械特性称为人为机械特性。图 4-21 所示为电源电压改变时的人为机械特性。由于电源频率不变，所以同步转速点不变，电磁转矩与电源电压的平方成比例变化，但各条曲线的最大转矩点对应的转差率基本保持不变。

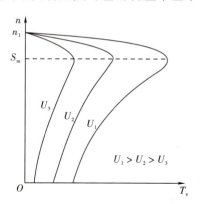

图 4-21　电源电压改变时的人为机械特性

3. 三相异步电机的运转特性

三相异步电机可以工作于两种运转状态，即电动运转状态和制动运转状态。

1）电动运转状态

在三相异步电机处于电动运转状态时，供电系统向三相异步电机供给电能，产生正向旋转的驱动转矩。三相电源中任何两相接线交换，都产生反相旋转的驱动转矩。通过简单的换相接线，即可实现电动汽车逆向行驶（倒车）。

2）制动运转状态

三相异步电机有 3 种制动运转状态：反馈制动、反接制动和能耗制动。以下以电动汽车为例分析制动运转状态下的电机工作情况。一般情况下，电动汽车利用反馈制动回收的能量可以达到车辆消耗能量的10%～15%，这对于电动汽车的节能有重要意义。

4. 三相异步电机的制动特性

由于制动时车辆的惯性作用，带动异步电机的运转，此时电机转速大于电机的同步转速，即 $n > n_0$，$s = (n_0 - n)/n_0$ 且 $s < 0$，转换为发电状态，转子导线切割旋转磁场的方向与电动状态时相反，电流 I'_2 也改变了方向，电磁转矩 T' 也随之改变方向，T' 与 n 的方向相反，起制动作用。

$$I'_2 = \frac{E'_2}{\sqrt{R'^2_2 + X'^2_2}} = \frac{sE'_{20}}{\sqrt{R'^2_2 + (sX'_{20})^2}} \quad (4-5)$$

$$T' = K\varphi I'_2 \cos\varphi \quad (4-6)$$

式中　R'_2——转子电阻；
　　　X'_2——转子漏抗；
　　　Φ——磁通；
　　　I'_2——转子电路电流；
　　　E'_2——转子感应电动势；
　　　X'_{20}——电动状态的转子阻抗；
　　　E'_{20}——发电状态下转子阻抗。

在反馈制动状态，异步电机被电动汽车拖动发电，其中一部分惯性能量转换为转子铜耗，而大部分惯性能量则以电能的形式储存到动力电池组，因此又称为发电制动。由于 T 为负，$s < 0$，所以反馈制动状态的机械特性是电动状态机械特性向第二象限的延伸，如图 4-22 所示。

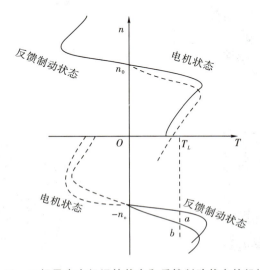

图 4-22　三相异步电机运转状态和反馈制动状态的机械特性

新能源汽车驱动电机及**控制技术**

实训一　交流异步电机的拆装

实训目的

(1) 能够使用正确的工具拆卸、安装交流异步电机。
(2) 拆卸、安装交流异步电机时步骤正确。

实训要求

(1) 工具使用正确。
(2) 注意实训作业时动作规范标准，避免安全事故的发生。
(3) 拆卸零件需要妥善安置与摆放，以防零件丢失。

实训耗材

(1) 设备准备：交流异步电机。
(2) 仪器准备（图 4-23）：交流电源、直流毫伏表。
(3) 工具准备：拆装工具、清洁工具盒、台虎钳。

（a）台虎钳

（b）交流电源

（c）直流毫伏表

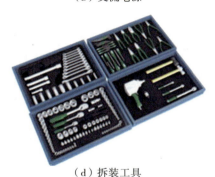
（d）拆装工具

图 4-23　各种实训器材

· 64 ·

任务四
交流异步电机结构与检测

操作步骤

1. 准备工作

(1)在拆卸前，要用压缩空气或皮老虎吹净电机表面的灰尘，并将电机表面擦拭干净。

(2)熟悉电机结构特点和检修技术要求。

(3)对于配合面生锈的，应事先涂上松锈剂，等 10～30 min 后再进行拆卸或用加热法进行拆卸。

(4)切断电源，拆开电机外部接线并做好记录。

2. 操作步骤

(1)拆除电机的所有接线，同时做好复位标记和记录。观察电机的结构和铭牌并填写工作页。

(2)拆除端盖螺栓和轴承盖的螺栓，并取下轴承外盖。

注意事项

❖有些电机端盖上不具备拆卸端盖用的顶丝孔，可将扁凿插入盖"突耳"与机座接缝处，用手锤沿圆周轻轻、均匀地敲打，取下端盖。

(3)抽出转子。

注意事项

❖抽出转子后，要及时检查线圈、铁芯、槽楔及端部等处是否被碰伤，如有碰伤部位要及时修理好。

(4)取出定子。

注意事项

❖操作过程中要防止擦伤绕组、铁芯和绝缘等。

(5)电机的装配步骤按拆卸的相反顺序进行。

注意事项

❖操作中，各部件应按复位标记和记录进行复位，装配转子前后轴承时更需细心认真。

(6)电机装配前，要清扫定子、转子内外表面尘垢，用沾汽油或清洗剂的棉布擦拭干净。

(7)清除电机内部异物和浸漆留下的漆瘤，特别是机座和端盖止口上的漆瘤和污垢，要用刮刀或铲刀轻轻铲除干净，铲除时不得损伤止口。

(8)检查槽楔、齿压板、绕组端部的绑扎和绝缘垫块是否松动和脱落，槽楔和绑扎的无纬玻璃芯丝带或绑绳是否高出铁芯表面,有问题处要及时修理。

(9)铁芯通风沟要清理干净,不得堵塞。

(10)检查绕组绝缘、引线绝缘和出线盒绝缘是否良好,有无损伤。

(11)测量绕组绝缘电阻,阻值不得低于规程的规定。

(12)检查装配的零部件是否齐全。

(13)全部检查完毕并已具备装配条件时,再用0.3 MPa左右的压缩空气吹净铁芯及绕组上的灰尘,即可进行电动机装配。

(14)电机的装配可按拆卸的相反顺序操作。

任务四 交流异步电机结构与检测

实训二　交流异步电机的静态检测

实训目的

(1) 能够正确使用静态检测设备对交流异步电机进行静态检测。
(2) 能够根据检测的内容及结果判断交流异步电机的好坏。

实训要求

(1) 元器件布局合理。
(2) 注意安全使用检测设备，不能损坏元器件。
(3) 使用电子兆欧表检测电机励磁绕组对壳体的绝缘性能，并判断电机好坏。
(4) 使用数字电桥检测励磁绕组电感值与电阻值，与厂方数据对比，判断电机是否存在断路、匝数错误、匝间断路等故障。

实训耗材

(1) 设备准备：交流异步电机。
(2) 材料准备：电气连接导线一套。
(3) 仪器准备（图4-24）：数字电子桥、电子兆欧表、脉冲电压测试仪、耐压测试仪。

（a）数字电子桥

（b）电子兆欧表

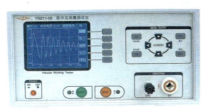

（c）脉冲电压测试仪

（d）耐压测试仪

图4-24　交流异步电机的静态检测实训器材

· 67 ·

操作步骤

1. 交流异步电机绕组绝缘性测试

（1）将电子兆欧表正极表笔连接至三相绕组 U 相输入端子，将电子兆欧表负极表笔连接至电机主轴。

（2）启动电子兆欧表，调整兆欧表放电电压至 1000 V，调整电子兆欧表测试时间为 1 min。

（3）观察兆欧表读数，并记录。兆欧表读数应参考厂方的标准值（一般电动机应不低于 15 MΩ），若兆欧表读数低于厂方标准值则说明交流异步电机 U 相绕组存在绝缘性故障，需要维修。

（4）以同样方式测试 V 相、W 相绕组绝缘性，并记录数值与厂方参考数值比对。

（5）测试完毕之后，取下兆欧表正负极表笔；使用电气连接导线，连接三相绕组与电机壳体进行放电操作。

2. 交流异步电机绕组电感值与电阻值测试

（1）打开数字电桥，将数字电桥测试模式调整至电感测试挡。

（2）分别将数字电桥两支测试表笔连接至三相绕组 U 相端子与 V 相端子。

（3）观察数字电桥电感值读数，并记录。将电感值与厂方标准值相比较可以推断三相绕组是否存在匝间短路等故障。

（4）将数字电桥的挡位调至电阻测试挡位，并连接测试。

（5）观察数字电桥电阻值读数，并记录。将电阻值与厂方标准值相比较可以推断电枢绕组是否存在匝间短路等故障。

（6）重复以上操作，分别测量 W 相与 U 相端子，以及 W 与 V 相端子，记录数据并与标准值相比较。

3. 交流异步电机绕组耐压性测试

（1）打开耐压测试仪，检查耐压测试仪的急停开关是否归位，将测试电压调整旋钮扭转至最小值。

（2）将耐压测试仪的搭铁端连接到电机壳体上。

（3）将测试笔连接至三相绕组 U 相端子。

（4）旋动测试电压调整旋钮，逐步增大测试电压；观察耐压测试仪仪表，当超漏灯亮起，则说明电机已经达到最大耐压值。

（5）记录耐压值数据，并与厂方标准数值相比较，如果耐压值低于厂方规定值则说明电机存在绝缘故障的风险。

（6）重复以上步骤连接 V 相端子及 W 相端子，测量三相绕组的最大耐压值，并与厂方标准数值比较。

(7)断开耐压测试仪与电机连接。

(8)使用电气连接导线，连接励磁绕组一端与电机壳体，进行放电操作。

4. 交流异步电机三相绕组脉冲电压测试

(1)打开脉冲电压测试仪，检查测试仪测试接头及仪表控制装置是否安装到位。

(2)连接测试接头至 U 相端子及 V 相端子上，踩下测试脚控踏板，进行脉冲电压检测。

(3)观察仪表显示的脉冲电压波形，并按下记录键，保存波形。

(4)更换测试接头至连接 V 相端子及 W 相端子，踩下测试脚控踏板，进行脉冲电压检测。

(5)观察仪表显示脉冲电压波形，仪表会自动将目前波形与之前记录波形进行匹配对比，若波形相差较大，则会显示测试结果为"不合格"，若波形吻合，则会显示"合格"。

注意事项

✥若测试结果显示为"不合格"则说明三相绕组存在故障，但无法判定是哪一相绕组发生故障。需要将三相端子全部检测之后，对结果进行分析，才能推测出是哪一相绕组存在故障，并进行拆解检测与修复。

学习小结

(1)交流电机按转子结构分类可分为笼型异步电机和绕线型异步电机，按定子绕组相数分类可分为单相异步电机和三相异步电机。

(2)交流电机的基本结构包括定子、转子和端盖等。

(3)交流电机的工作原理：

当定子接通三相对称交流电压时，在电机内部产生旋转磁场。这个旋转磁场又在转子导体内部产生感应电动势。由于转子绕组短路连接，进而形成转子电流。磁场对其范围内通电流的导体会产生力的作用，从而形成了转矩输出。

(4)交流异步电机优点：

①使用了鼠笼式转子绕组代替了线圈绕组，质量较轻，节省材料，造价低廉。

②相较于直流电动机，交流异步电机结构简单，维护容易，对使用环境要求低。

③交流异步电机运行平稳、可靠，噪声较低，使用寿命长。

④电机控制器可以开环控制交流异步电机，在没有转子位置传感器的情况下也能驱动电动机平稳工作。一部分交流异步电机可直接由市电或变频器供电驱动运转。

⑤结构多样化，应用范围广，多用于民用、工业与农业，适应能力强。

(5)交流异步电机缺点：

①当电机负荷改变时,转速波动较大,不适宜用于负荷多变且转速要求高的工作场合。

②功率因数滞后,轻载功率因数低,调速性能稍差。

③调速较为困难,调速时对控制器要求很高,电机控制器造价较高。

④启动电流较大,但启动转矩较小,且峰值转矩较小,难以满足带负载启动的需要。

(6)三相异步电机工作特性:

①转速特性 $n = f(P_2)$。

②定子电流特性 $I_1 = f(P_2)$。

③功率因数特性 $\cos\varphi_1 = f(P_2)$。

④转矩特性 $T = f(P_2)$。

⑤效率特性 $\eta = f(P_2)$。

(7)交流异步电机机械特性:三相异步电机的机械特性是指电机在恒定电压和恒定频率的情况下,其转速与转矩之间的关系。

(8)三相异步电机可以工作于两种运动状态,即电动运转状态和制动运转状态。

(9)由于制动时车辆的惯性作用,带动异步电机的运转,此时电机转速大于电机的同步转速,即 $n > n_0$,$s = (n_0 - n)/n_0$ 且 $s < 0$,转换为发电状态,转子导线切割旋转磁场的方向与电动状态时相反,电流 I_2' 也改变了方向,电磁转矩 T' 也随之改变方向,T' 与 n 的方向相反,起制动作用。

$$I_2' = \frac{E_2'}{\sqrt{R_2'^2 + X_2'^2}} = \frac{sE_{20}'}{\sqrt{R_2'^2 + (sX_{20}')^2}}$$

课后习题

1. 判断题

(1)交流电机的接线方法有两种,分别是 Y 形接法和△形接法。　　　　(　　)

(2)汽车对驱动系统交流电机的要求是低速恒转矩、高速恒功率。　　　(　　)

(3)交流电机有开启式和封闭式两种结构。　　　　　　　　　　　　　(　　)

(4)交流电机驱动的车辆在减速时,交流电机可进行制动能量回收。　　(　　)

(5)交流驱动系统与其他驱动系统相比,已处于劣势将被逐渐淘汰。　　(　　)

(6)电动汽车交流电机驱动系统中通常采用同步电机。　　　　　　　　(　　)

(7)装配时,拧紧端盖螺栓,必须四周用力均匀,按顺时针方向拧紧。　(　　)

2. 单选题

(1)转速控制策略不能通过改变(　　)来控制电动机转速。

A. 转差率　　　　　B. 转子速度　　　　　C. 极对数　　　　　D. 电源频率

任务四
交流异步电机结构与检测

（2）变频变压控制是恒电压/频率比（简称压频比）的控制，频率（　　）电机额定频率。

A. 等于　　　　　　B. 高于　　　　　　C. 低于　　　　　　D. 不确定

（3）下列选项中不是笼形电机组成的是（　　）。

A. 笼形转子　　　B. 定子绕组　　　C. 电刷　　　　　D. 定子铁芯

（4）交流感应电机的气隙比直流电机的气隙小得多，一般仅为（　　）。

A. 0.1～1.5 mm　　B. 0.1～1.6 mm　　C. 0.2～2.0 mm　　D. 0.2～1.5 mm

· 71 ·

任务五

永磁同步电机结构与检测

学习目标

(1)掌握永磁同步电机的类型、结构组成及工作原理。
(2)正确描述同步电机的性能及特点。
(3)掌握永磁同步电机控制系统的组成及特点。
(4)正确完成永磁同步电机的拆装。
(5)按照检测步骤完成永磁同步电机的静态检测。
(6)按照正确步骤完成交流永磁同步电机控制系统的检测。
(7)建立民族自信心,增强民族自豪感和使命感,培养爱国主义精神。

任务描述

永磁同步电机是用永磁体取代绕线式同步电机转子中的励磁绕组,从而省去了励磁线圈、集电环和电刷。永磁同步电机具有高效、高控制精度、高转矩密度、良好的转矩平稳性及低振动噪声的特点,通过合理设计永磁磁路结构能获得较高的弱磁性能,在新能源汽车驱动方面具有很高的应用价值,受到国内外新能源汽车界的高度重视,是最具竞争力的新能源汽车驱动电机系统之一。

本任务主要介绍了交流永磁同步电机结构及检测。

> **知识准备**

旋转电机在实现机电能量转换的过程中必须有磁场。车用直流和交流两种电机都是通过线圈励磁产生电磁场的。对于直流电机和电励磁的交流同步电机来说，这种励磁功率全部以损耗的形式消耗在电机中，直接影响电机的总效率。直流电机结构上有磁极、线圈、集电环及电刷等专供励磁的装置，这些装置容易磨损，可靠性难以提高。而对于异步电机，在定子中通以无功电流产生磁场，功率因数较低。设法用各种永磁材料来替代各种电机的电磁场装置，所制成的电机即为永磁电机。

永磁同步电机是用永磁体取代绕线式同步电机转子中的励磁绕组，从而省去了励磁线圈、集电环和电刷。

永磁同步电机具有高效、高控制精度、高转矩密度、良好的转矩平稳性及低振动噪声的特点，通过合理设计永磁磁路结构能获得较高的弱磁性能，在新能源汽车驱动方面具有很高的应用价值，受到国内外新能源汽车界的高度重视，是最具竞争力的新能源汽车驱动电机系统之一。

一、永磁同步电机类型

按照不同的分类标准，可将永磁同步电机分为不同的类型。并且根据永磁体材料种类、安置方式及永磁体充磁方向的不同，可以形成不同的磁路结构。

1. 按转子的磁钢形状分

按转子的磁钢形状来分，永磁同步电机可以分为正弦波和梯形波两种。

1）正弦波永磁同步电机

正弦波永磁同步电机是一种典型的机电一体化电机。它不仅包括电机本身，而且还涉及位置传感器、电力电子变流器以及驱动电路等。正弦波永磁同步电机的定子绕组通常采用三相对称的正弦分布绕组，或转子采用特殊形状的永磁体以确保气隙磁密（气隙中的磁感应）沿空间呈正弦分布，其波形如图5-1所示。这样，当电动机恒速运行时，定子三相绕组所感应的电势则为正弦波，正弦波永磁同步电机由此而得名。

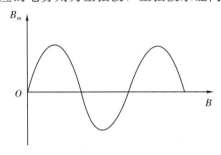

图5-1 永磁同步电机每相励磁磁场强度的正弦波形

B_m—气隙磁密度；B—气隙。

2）梯形波永磁同步电机

由梯形波（方波）永磁同步电机组成的调速系统，在原理和控制方法上与直流电机系统类似，故称这种系统为无刷直流电机调速系统，其波形如图5-2所示。永磁无刷直流电机与传统有刷直流电机相比，是用电子换向取代原直流电机的机械换向，并将原有刷直流电机的定子、转子颠倒（转子采用永磁体），从而省去了机械换向器和电刷，其定子电流为方波，而且控制较简单，但在低速运行时性能较差，主要受转矩脉动的影响。

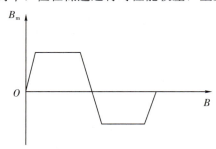

图5-2 永磁同步电机每相励磁磁场强度的梯形波

2. 按永磁体在转子上的位置不同分

按永磁体在转子上的位置不同来划分，永磁同步电机可以分为表面式和内置式两种，如图5-3所示。

1）表面式永磁同步电机

表面式磁路结构又分为凸出式和嵌入式。表面凸出式的转子永磁体磁极直接粘贴在转子铁芯表面，由于永磁体的磁导率与空气相近，所以这种磁路结构与电励磁同步电机的隐极式转子结构相似，但气隙比电励磁电机大很多，同步电抗的标准值比传统同步电机小得多，如图5-3（a）所示。

表面嵌入式的转子永磁体磁极置于转子表面的槽内，这种磁路结构与电励磁同步电机的凸极转子结构相似，但由于交轴气隙磁导大于直轴气隙磁导，所以其交轴同步电抗大于下轴同步电抗，与传统凸极同步电机相反，如图5-3（b）所示。

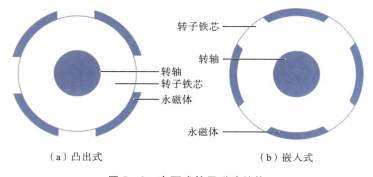

（a）凸出式　　　　　　　　　　（b）嵌入式

图5-3 表面式转子磁路结构

总之，表面式转子磁路结构的制造工艺简单、成本低、应用较为广泛，尤其适宜于矩形波永磁同步电机。但因转子表面无法安放启动绕组，无异步启动能力，不能用于异步启动永磁同步电机。

2）内置式永磁同步电机

内置式磁路结构的转子永磁体磁极置于转子铁芯内部，永磁体外表面与定子铁芯内圆之间有铁磁物质制成的极靴，极靴中可以放置铸铝笼或铜条笼，起阻尼或启动作用，动态、稳态性能好，广泛用于要求有异步启动能力或动态性能高的永磁同步电机，如图 5-4 所示。

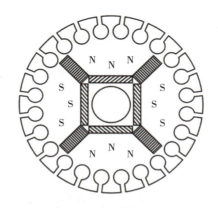

图 5-4 内置式永磁同步电机的磁路结构

内置式转子内的永磁体受到极靴的保护，其转子磁路结构的不对称性所产生的磁阻转矩也有助于提高电机的过载能力和功率密度，而且易于"弱磁"扩速。内置式永磁同步电机的加工和安装工艺复杂，漏磁大，但可以放置较多的永磁体以提高气隙磁密，减少电机的质量和体积。

按永磁体磁化方向与转子旋转方向的相互关系，内置式转子结构又可分为径向式、切向式和混合式 3 种。

二、永磁同步电机结构组成

永磁同步电机类型多样，这里主要是以三相正弦波驱动的永磁同步电机为例介绍永磁同步电机的结构组成。

永磁同步电机与直流电机、交流感应电机一样，也是由定子和转子两大部分构成，如图 5-5 所示。

1. 定子

永磁同步电机的定子是由导磁的定子铁芯和导电的定子绕组等部件构成。其他部件是指固定定子铁芯和定子绕组的一些部件，如机座、绕组支架等，如图 5-6 所示。

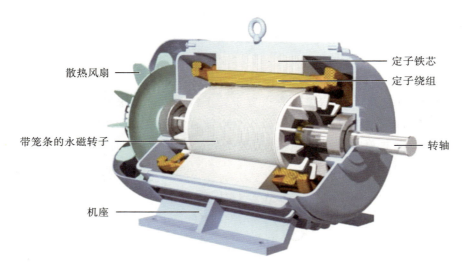

图 5-5 永磁同步电机的结构

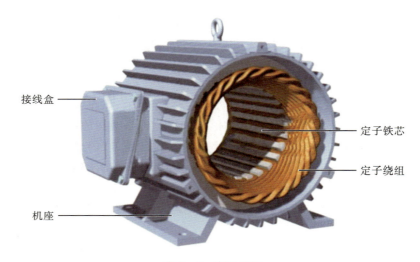

图 5-6 定子结构

1)定子铁芯

永磁同步电机的定子铁芯一般采用 0.5 mm 硅钢冲片叠压而成。当定子铁芯外径大于 1 mm 时,用扇形的硅钢片来拼成一个整圆。在叠装时,把每层的按缝错开,以减少铁芯的涡流损耗。定子铁芯的内圆开有槽,槽内放置定子绕组,定子槽形一般都做成开口槽,便于嵌线,如图 5-7 所示。

2)定子绕组

永磁同步电机的定子绕组是由许多线圈连接而成,每个线圈又是由多股铜线绕制成的,放在槽子里的导体靠槽契来压紧固定,其端部用支架固定,如图 5-8 所示。定子绕组与绕线式三相同步电机的定子绕组一样,通入交流电源即产生旋转磁场。

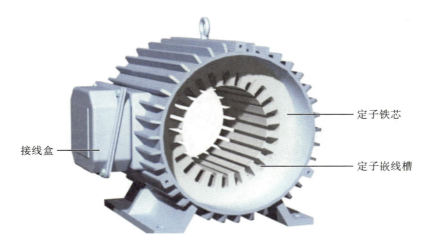

图 5-7 永磁同步电机的结构

图 5-8 定子铁芯与定子绕组

磁同步电机的定子绕组普遍采用分布、短距绕组;对于极数较多的电机,则普遍采用分数槽绕组;若需进一步改善电动势波形时,也可考虑采用正弦绕组或其他特殊绕组。

2. 转子

永磁同步电机与其他电机最大的不同是转子结构。永磁同步电机的转子主要由永磁体、转子铁芯和转轴等部件构成,如图 5-9 所示。

因为永磁同步电机基本都采用逆变器电源驱动,若用整体钢材会产生涡流损耗,所以永磁体转子铁芯中,永磁体主要采用铁氧体永磁和钕铁硼永磁材料,转子铁芯可根据磁极结构的不同,选用实心钢,或采用钢板或硅钢片冲制后叠压而成。

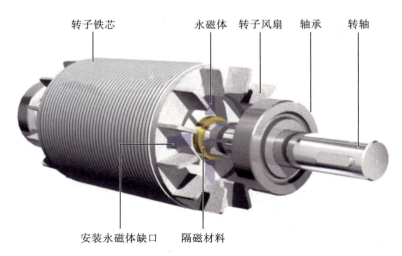

图 5-9　转子结构

永磁体在转子中布置位置有多种形式，以下将对不同形式的永磁转子铁芯进行详细说明。

1）表面凸出式永磁转子

表面凸出式永磁体磁极安装在转子铁芯圆周表面上，磁极的极性与磁通走向如图 5-10 所示。根据磁阻最小原理，即磁通总是沿磁阻最小的路径闭合，利用磁引力拉动转子旋转，于是永磁转子就会跟随定子产生的旋转磁场同步旋转。

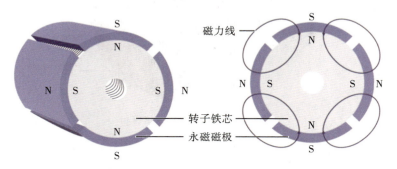

图 5-10　表面凸出式永磁转子

表面凸出式转子结构具有结构简单、制造成本较低、转动惯量小等优点，在矩形波永磁同步电机和恒功率运行范围不宽的正弦波永磁同步电机中得到了广泛应用。此外，表面凸出式转子结构中的永磁磁极易于实现最优设计，使其成为能使电机气隙磁密波形趋近于正弦波的磁极形状，可显著提高电机乃至整个传动系统的性能。

2）表面嵌入式永磁转子

表面嵌入式永磁体磁极嵌装在转子铁芯表面，磁极的极性与磁通走向如图 5-11 所示。

任务五 永磁同步电机结构与检测

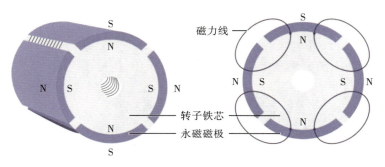

图 5-11 表面嵌入式永磁转子

表面嵌入式转子结构可充分利用转子磁路不对称性所产生的磁阻转矩，提高电机的功率密度，动态性能较表面凸出式永磁转子有所改善，制造工艺也较简单，常被某些调速永磁同步电机所采用，但漏磁系数和制造成本都较表面凸出式永磁转子大。

表面凸出式永磁转子与嵌入式永磁转子磁路结构中，永磁体通常呈瓦片形，并位于转子铁芯的外表面，永磁体提供磁通的方向为径向。

3）内置径向式永磁转子

内置径向式永磁转子开有安装永磁体的槽，并且为防止永磁体磁通短路，在转子铁芯的开槽上还开有隔磁空气槽，槽内也可填充隔磁材料，如图 5-12 所示。

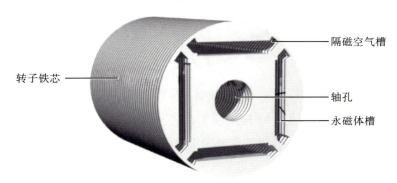

图 5-12 内置径向式永磁转子铁芯结构

把永磁体插入内置径向式永磁转子铁芯的安装槽内后，其磁极的极性与磁通走向如图 5-13 所示。可以看出隔磁空气槽在减小漏磁方面的作用。

内置径向式转子结构的优点是漏磁系数小，转轴上不需采取隔磁措施，极弧系数（在一个极距范围下实际气隙磁场分布情况的系数）易于控制，转子冲片机械强度高，安装永磁体后转子不易变形等。

4）内置切向式永磁转子

内置切向式永磁转子铁芯叠片周围冲有许多安装导电条的槽（孔），用于安装笼型绕组。槽的形状可分为方形、圆形或类似普通转子的嵌线槽。为了防止永磁体的磁通通过转轴短路，在转轴与转子铁芯间加装有隔磁材料，如图 5-14 所示。

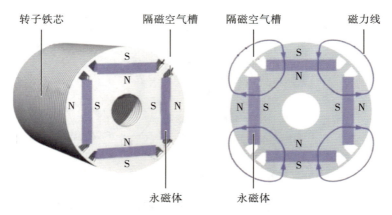

图 5-13 内置径向式永磁转子磁通

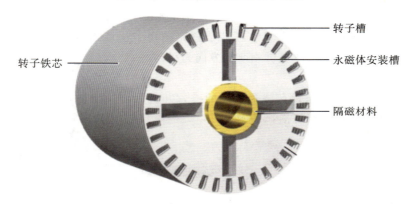

图 5-14 内置切向式永磁转子铁芯结构

把永磁体插入内置切向式永磁转子铁芯的安装槽内后,其磁极的极性与磁通走向如图 5-15 所示。由图 5-15 可知这是一个 4 极转子。

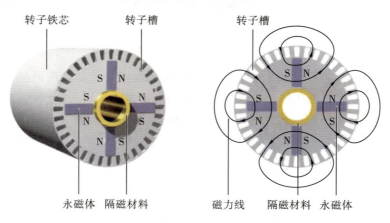

图 5-15 内置切向式永磁转子磁通

内置切向式转子结构的转子有较大的惯性，漏磁系数较大，制造工艺和成本较径向式有所增加。其优点是一个极距下的磁通由相邻两个磁极并联提供，可得到更大的每极磁通。尤其当电机极数较多、径向式结构不能提供足够的每极磁通时，这种结构的优势就显得更为突出。此外，采用该结构的永磁同步电机的磁阻转矩可占到总电磁转矩的 40%，对提高电机的功率密度和扩展恒功率运行范围都是很有利的。

5）内置混合式永磁转子

内置混合式结构集中了径向式和切向式的优点，但结构和制造工艺都比较复杂，制造成本也比较高，因此不展开介绍。内置混合式永磁转子的结构如图 5-16 所示。

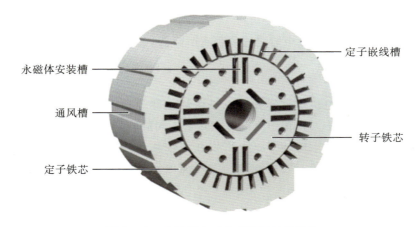

图 5-16　内置混合式永磁转子铁芯结构

内置式永磁转子的永磁体嵌装在转子铁芯内部，铁芯内有安装永磁体的槽，一般大型电机中用的都是内置式永磁转子。

3. 转子位置传感器

与其他电机相比，永磁同步电机还必须装有转子位置传感器，用来检测磁极位置，并以此对电枢电流进行控制，达到对永磁同步电机驱动控制的目的。

转子位置传感器的种类较多，且各具特点。在永磁同步电机中常见的位置传感器有光电式位置传感器、霍尔位置传感器、磁阻式位置传感器和旋转变压器。

1）光电式位置传感器

光电式位置传感器是利用光电效应制成的，一般由光源、光电码盘和光电元件三部分组成。图 5-17 为光电式位置传感器位置测量原理图，随着电机转子的转动，码盘不断地遮挡或通过 LED 发出的光线至光电传感器，使其输出高低电平，从而将转子的机械位置信号转化为电信号。码盘可根据实际需求确定形状及制作工艺。

由光电式位置传感器的工作原理可知，其优点在于结构简单、输出精度高、反应快，因此具有较为广泛的应用前景。但光电式位置传感器的光敏元件易受环境温度的

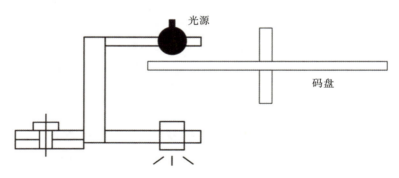

图 5-17 光电式位置传感器位置测量原理图

影响,且在油污、粉尘等环境中监测效果会有所降低,故在油田采矿、火力发电等恶劣条件下难以应用。

2)霍尔位置传感器

霍尔位置传感器与电机本体一样,也是由静止部分和运动部分组成,即位置传感器定子和位置传感器转子。其转子与电机主转子一同旋转,以指示电机主转子的位置,既可以直接利用电动机的永磁转子,也可以在转轴其他位置上另外安装永磁转子。定子是由若干个霍尔元件,按一定的间隔,等距离地安装在传感器定子上,以检测电机转子的位置,如图 5-18 所示。

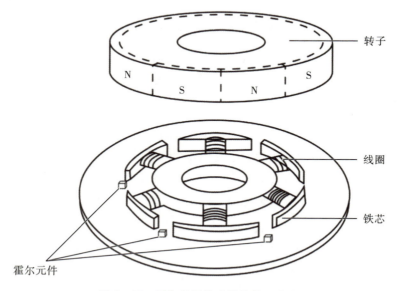

图 5-18 霍尔位置传感器结构示意图

按照不同的输出信号形式,霍尔位置传感器有开关型和线性两种。开关型霍尔位置传感器输出高低电平的数字量,常通过计数测量信号;线性霍尔位置传感器输出模拟量，其大小与磁场强度成正比。

霍尔位置传感器由于其独特的工作特性，可被封装在密闭环境中，适用于脏湿、粉尘等恶劣环境。与此同时，霍尔传感器一般需要永磁体或者励磁才可以工作，因此应用时需安装与转子同轴的含永磁体位置检测的装置，这在一定程度降低了其体积小的优势。

3）磁阻式位置传感器

磁性材料随外部磁场变化而相应改变阻抗的特性称为磁阻效应。磁阻式传感器就是根据磁性材料的这一性质而制成的测量用传感器，被广泛用于磁性齿轮传速、旋转方向的测量。磁阻材料多选用坡莫合金，其相对磁阻变化为2‰～3‰。

磁阻效应原理如图5-19所示，若外磁场与合金内电流方向成一个角度α，会使得合金的电阻R发生变化，其函数关系：

$$R = R_0 + \Delta R_0 \cos^2 \alpha \qquad (5-1)$$

式(5-1)中，R_0为坡莫合金在未施加外磁场时的电阻值；ΔR_0为坡莫合金的阻值绝对变化量。由式(5-1)可见，合金的电阻与磁场间是一个角度效应，适用于角度参数的测量。

磁阻式位置传感器与霍尔式相同，需永磁材料向其提供位置信号，这在一定程度上限制了磁阻式位置传感器的应用。

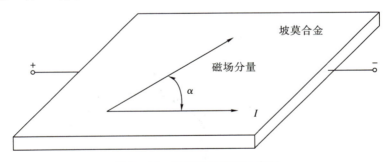

图5-19 磁阻效应原理示意图

4）旋转变压器

旋转变压器是一种输出电压随转子位置角变化而变化的位置传感器，主要由旋转变压器转子和定子组成，如图5-20所示。这种变压器的初、次绕组分别放置在定、转子上。初、次绕组之间的电磁耦合程度与转子的转角有关，因此转子绕组的输出电压也与转子的转角有关。

旋转变压器可分为正余弦旋转变压器、线性旋转变压器和比例式旋转变压器，北汽EV160采用的是正余弦旋转变压器，主要用以检测电机转子位置，并将其检测结果传输给电机控制器，经解码可获知电机转速。

由于其结构坚固，受干扰较小，响应速度快，广泛应用于高温高速运行场合。其缺

新能源汽车驱动电机及**控制技术**

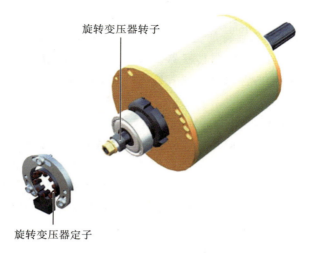

图 5-20 旋转变压器

点在于信号处理比较复杂，但随着最近几年解码芯片的发展，该问题已逐步得到解决。

比亚迪秦装配的旋转变压器（简称旋变）是一种输出电压随转子转角变化的信号元件。旋转变压器主要由旋变线圈、隔磁板、旋变信号线等部件组成，如图 5-21 所示。它主要用于监测电机的速度及位置，并将检测到的信息反馈给电机控制器，用以准确控制电机的转速和位置。

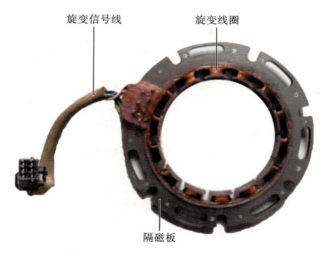

图 5-21 比亚迪秦旋转变压器组成

三、永磁同步电机工作原理

1. 电机的工作原理

永磁同步电机是以磁场为媒介进行机械能和电能相互转换的电磁装置。

永磁同步电机的工作原理如图 5-22 所示。图中 n 为电机转速，n_0 为同步转速，T 为转矩，θ 为功率角。电机的转子是一个永磁体，N、S 极沿圆周方向交替排列，定子可以看成是一个以速度为 n_0 的旋转磁场。电机运行时，定子存在旋转磁动势，转子像磁针在旋转磁场中旋转一样，随着定子的旋转磁场同步旋转。

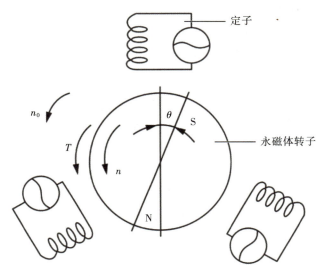

图 5-22 永磁同步电机工作原理

永磁同步电机转速可表示为

$$n = n_0 = \frac{60 f_s}{P} \tag{5-1}$$

式中　f_s——电源频率；

　　　P——电机极对数。

永磁同步电机的定子是三相对称绕组，三相正弦波电压在定子三相绕组中产生对称三相正弦波电流，并在气隙中产生旋转磁场。旋转磁场与已充磁的磁极作用，带动转子与旋转磁场同步旋转并使定子、转子磁场轴线对齐。当外加负载转矩以后，转子磁场轴线将落后定子磁场轴线一个功率角，负载越大，功率角也越大，直到一个极限角度，电机停止。由此可见，同步电机在运行中，转速必须与频率严格成比例旋转，否则会失步停转。所以，它的转速与旋转磁场同步，其静态误差为零。在负载扰动下，只是功率角变化，而不引起转速变化，它的响应时间是实时的。

2. 电机控制系统工作过程

电机控制系统由整流桥、三相逆变电路、控制电路、三相交流永磁电机和传感器组成。

永磁同步电机控制系统工作过程如图5-23所示，将50 Hz的市电经整流后，由三相逆变器给电机的三相绕组供电；三相对称电流合成的旋转磁场与转子永久磁铁所产生的磁场相互作用产生转矩，拖动转子同步旋转；通过位置传感器获取转子位置，变换成电信号控制逆变器功率器件开关，调节电流频率和相位，使定子和转子磁势保持稳定的位置关系，从而产生恒定的转矩。定子绕组中的电流大小是由负载决定的。定子绕组中三相电流的频率和相位随转子位置的变化而变化。令三相电流合成一个与转子同步的旋转磁场，通过电力电子器件构成的逆变电路的开关变化，实现三相电流的换相，可代替机械换向器。

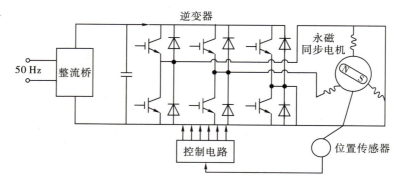

图5-23 永磁同步电机控制系统工作过程图

四、永磁同步电机性能

永磁同步电机的性能主要包括机械特性和工作特性。

1. 永磁同步电机机械特性

永磁同步电机稳态正常运行时，转速始终保持同步速不变，因此，其机械特性为平行于横轴的直线，如图5-24所示。通过调节电源频率来调节电机转速时，转速将严格地与频率成正比。

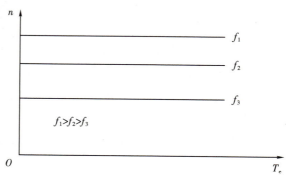

图5-24 永磁同步电机的机械特性

2. 永磁同步电机工作特性

永磁同步电机的工作特性是指当电源电压恒定时，电机的输入功率 P_1、电枢电流 I_a、效率 η、功率因数 $\cos\varphi$ 等与输出功率的关系，如图 5-25 所示。

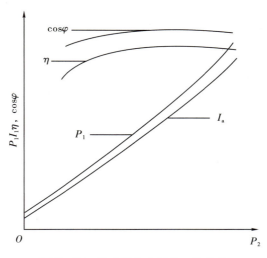

图 5-25　永磁同步电机的工作特性

可以看出，在正常工作范围内，永磁同步电机的功率因数比较平稳，效率特性也能保持较高的水平。电机的输入功率和电枢电流近似与输出功率成正比。

五、永磁同步电机特点

1. 永磁同步电机优点

永磁同步电机与其他电机相比，具有以下优点：

（1）用永磁体取代绕线式同步电机转子中的励磁绕组，从而省去了励磁线圈、集电环和电刷，以电子换向实现无刷运行，结构简单，运行可靠。

（2）永磁同步电机的转速与电源频率间始终保持准确的同步关系，控制电源频率就能控制电机的转速。

（3）永磁同步电机具有较硬的机械特性，对于因负载的变化而引起电机转矩的扰动具有较强的承受能力，瞬间最大转矩可以达到额定转矩的 3 倍以上，适合在负载转矩变化较大的工况下运行。

（4）永磁同步电机转子为永久磁铁无需励磁，因此电机可以在很低的转速下保持同步运行，调速范围宽。

（5）永磁同步电机与异步电机相比，不需要无功励磁电流，因而功率因数高，定子电流和定子铜耗小，效率高。

（6）体积小、质量轻。近些年来随着高性能永磁材料的不断应用，永磁同步电机的

新能源汽车驱动电机及**控制技术**

功率密度得到很大提高，比起同容量的异步电机，体积和质量都有较大的减少，使其适合应用在许多特殊场合。

（7）结构多样化，应用范围广。永磁同步电机由于转子结构的多样化，产生了特点和性能各异的许多品种，从工业到农业，从民用到国防，从日常生活到航空航天，从简单电动工具到高科技产品，几乎无所不在。

2. 永磁同步电机缺点

永磁同步电机存在以下缺点：

（1）由于永磁同步电机转子为永磁体，无法调节，必须通过加定子直轴去磁电流分量来削弱磁场，这会增大定子的电流，增加电机的铜耗。

（2）永磁同步电机的磁钢价格较高。

由此可见，永磁同步电机体积小，质量轻，转动惯量小，功率密度高（可达 1 kW/kg），适合电动汽车空间有限的特点需要；另外，转矩惯量比大，过载能力强，尤其低转速时输出转矩大，适合电动汽车的启动加速。因此，永磁同步电机得到国内外电动汽车界的广泛重视，并得到了普遍应用。

思政扩展

稀土新科技造就我国新能源汽车更强大的"中国心"

在 20 世纪 80 年代稀土钕铁硼永磁体问世。它的优异磁性能特别适合于制造电机，从此永磁电机的发展进入了一个新的时期。

稀土永磁电机与电力电子技术和微机控制技术相结合能使电机及传动系统的性能提高到一个崭新的水平，从而提高所配套的技术装备的性能水平。这是电机行业调整产业结构的重要发展方向。稀土永磁材料的广泛应用，已深入国民经济的方方面面，其产量与用量已成为衡量一个国家综合国力与国民经济发展水平的重要标志。大力应用新型稀土永磁材料，将我国资源优势转化为产业优势，能带动高新技术产业及相关行业的迅速发展，给国民经济带来新的增长点。因此，稀土永磁电机是一项市场前景好、应用潜力大的朝阳产业。

我国稀土资源丰富，稀土不稀，号称"稀土王国"。稀土矿石和稀土永磁的产量都居世界前列。世界已探明的稀土储量为 6200 万吨，其中中国稀土资源工业储量为 4800 万吨，而且品种全，质量高，为大力开发稀土资源提供了得天独厚的条件。我国稀土永磁材料和稀土永磁电机的科研水平都达到了国际先进水平。目前钕铁硼永磁产品已批量生产。

实训一 交流永磁同步电机的拆装

实训目的

（1）能够使用正确的工具拆卸、安装交流永磁同步电机。
（2）拆卸、安装交流永磁同步电机时步骤正确。

实训要求

（1）工具使用正确。
（2）注意实训作业时动作规范标准，避免安全事故发生。
（3）拆卸零件需要妥善安置与摆放，以防零件丢失。

实训耗材

（1）设备准备：交流永磁同步电机。
（2）工具准备：拆装工具（图5-26）、清洁工具盒、台虎钳。

台虎钳　　　　　　　　　　拆装工具

图5-26　部分实训器材

操作步骤

1. 准备工作

（1）在拆卸前，要用压缩空气吹净电机表面的灰尘，并将电机表面擦拭干净。
（2）选择合适的拆卸地点，并清理现场环境。
（3）熟悉电机结构特点和检修技术要求。
（4）准备好拆卸电机所需工具（包括专用工具）。

新能源汽车驱动电机及**控制技术**

（5）切断电源，拆开电机外部接线并做好记录。

2. 操作步骤

（1）拆除交流永磁同步电机的所有接线，同时做好复位标记和记录。拆卸电机位置传感器。观察电机的结构和铭牌并填写工作页。

（2）拆除交流永磁同步电机的端盖螺栓，并取下前端盖。拆卸时先在前端盖与电动机壳体上打好复位标记，然后在端盖边缘处垫以木楔，用铁锤沿端盖的边缘均匀地敲打，使端盖止口慢慢地脱开电动机壳体。

（3）使用拉马工具，取下电动机后端盖。拆卸前应先在后端盖与电动机壳体上打好复位标记，以方便安装。

（4）使用转子拆卸专用用具取出交流永磁同步电动机转子，注意取出时应当确保转子内部的永磁体不掉落，不受到外力冲撞以免永磁体碎裂。

（5）取出交流永磁同步电机转子后需检查转子主轴前、后侧两个轴承工作情况，若轴承损坏则可以使用拉马工具拉拔出轴承，并更换。

（6）电动机装配前，要清扫定子、转子内外表面尘垢，用沾汽油或清洗剂的棉布擦拭干净。

（7）将交流永磁同步电机转子轴安装至定子内，注意，转子轴有极大的磁力，需要规范操作，防止夹伤手指。

（8）对准复位标记，分别安装交流永磁同步电机前端盖与后端盖。

（9）按照扭矩安装电机端盖螺栓。

（10）安装电机转速位置传感器。

（11）安装电机外部接线柱及线束。

（12）检查电机外观，是否已安装到位。

注意事项

❖拆装时，切记永磁铁的磁性，防止退磁，如发现永磁铁磁性不足要及时充磁。

实训二　交流永磁同步电机的静态检测

实训目的

(1)能够正确使用交流永磁同步电机静态检测设备,对交流永磁同步电机进行静态检测。

(2)能够根据检测的内容及结果,判断交流永磁同步电机的好坏。

实训要求

(1)元器件布局合理。

(2)注意安全使用检测设备,不能损坏元器件。

(3)使用电子兆欧表检测电机励磁绕组对壳体的绝缘性能,并判断电机好坏。

(4)使用数字电桥检测励磁绕组电感值与电阻值,与厂方数据对比,判断电机是否存在断路、匝数错误、匝间断路等故障。

实训耗材

(1)设备准备:交流异步电机。

(2)材料准备:电气连接导线一套。

(3)仪器准备:数字电桥、电子兆欧表、耐压测试仪、脉冲电压测试仪(图5-27)。

数字电桥

电子兆欧表

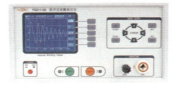
脉冲电压测试仪

耐压测试仪

图5-27　交流永磁同步电机的静态检测实训器材

操作步骤

1. 交流永磁同步电机绕组绝缘性测试

（1）将电子兆欧表正极表笔连接至三相绕组 U 相输入端子，将电子兆欧表负极表笔连接至电动机主轴。

（2）启动电子兆欧表，调整兆欧表放电电压至 1000 V，调整电子兆欧表测试时间为 1 min。

（3）观察兆欧表读数，并记录。兆欧表读数应参考厂方的标准值（一般电动机应不低于 15 MΩ），若兆欧表读数低于厂方标准值则说明交流异步电动机 U 相绕组存在绝缘性故障，需要维修。

（4）以同样方式测试 V 相、W 相绕组绝缘性，并记录数值与厂方参考数值比对。

（5）测试完毕之后，取下兆欧表正负极表笔；使用电气连接导线，连接三相绕组与电动机壳体进行放电操作。

2. 交流永磁同步电动机绕组电感值与电阻值测试

（1）打开数字电桥，将数字电桥测试模式调整至电感测试挡。

（2）分别将数字电桥两支测试表笔连接至三相绕组 U 相端子与 V 相端子。

（3）观察数字电桥电感值读数，并记录。将电感值与厂方标准值相比较，可以推断三相绕组是否存在匝间短路等故障。

（4）将数字电桥的挡位调至电阻测试挡位，并连接测试。

（5）观察数字电桥电阻值读数，并记录。将电阻值与厂方标准值相比较可以推断电枢绕组是否存在匝间短路等故障。

（6）重复以上操作，分别测量 W 相与 U 相端子，以及 W 与 V 相端子，并将记录数据与标准值相比较。

3. 交流永磁同步电动机绕组耐压性测试

（1）打开耐压测试仪，检查耐压测试仪的急停开关是否归位，将测试电压调整旋钮扭转至最小值。

（2）将耐压测试仪的搭铁端连接到电机壳体上。

（3）将测试笔连接至三相绕组 U 相端子。

（4）旋动测试电压调整旋钮，逐步增大测试电压；观察耐压测试仪仪表，当超漏灯亮起，则说明电机已经达到最大耐压值。

（5）记录耐压值数据，并与厂方标准数值相比较，如果耐压值低于厂方规定值则说明电动机存在绝缘故障的风险。

（6）重复以上步骤连接 V 相端子及 W 相端子，测量三相绕组的最大耐压值，并与厂方标准数值比较。

(7)断开耐压测试仪与电机连接。

(8)使用电气连接导线,连接励磁绕组一端与电机壳体,进行放电操作。

4. 交流永磁同步电机三相绕组脉冲电压测试

(1)打开脉冲电压测试仪,检查测试仪测试接头及仪表控制装置是否安装到位。

(2)连接测试接头至 U 相端子及 V 相端子上,踩下测试脚控踏板,进行脉冲电压检测。

(3)观察仪表显示的脉冲电压波形,并按下记录键,保存波形。

(4)更换测试接头至连接 V 相端子及 W 相端子,踩下测试脚控踏板,进行脉冲电压检测。

(5)观察仪表显示脉冲电压波形,仪表会自动将目前波形与之前记录波形进行匹配对比,若波形相差较大,则会显示测试结果为"不合格",若波形吻合,则会显示"合格"。

注意事项

❖ 若显示为"不合格"则说明三相绕组存在故障,但无法判定是哪一相绕组发生故障。需要将三相端子全部检测之后,对结果进行分析,才能推测出是哪一相绕组存在故障,并进行拆解检测与修复。

学习小结

(1)按转子的磁钢形状来分,永磁同步电机可以分为正弦波和梯形波两种。按永磁体在转子上的位置来划分,永磁同步电机可以分为表面式和内置式两种。

(2)永磁同步电机与直流电机、交流感应电机一样,也是由定子和转子两大部分构成的,而且与其他电机相比,永磁同步电机还必须装有转子位置传感器,用来检测磁极位置,并以此对电枢电流进行控制,达到对永磁同步电机驱动控制的目的。

(3)在永磁同步电机中常见的位置传感器有光电式位置传感器、霍尔位置传感器、磁阻式位置传感器和旋转变压器。

(4)永磁同步电机稳态正常运行时,转速始终保持同步速不变,因此,其机械特性为平行于横轴的直线。通过调节电源频率来调节电机转速时,转速将严格地与频率成正比。

(5)永磁同步电机的工作特性是指当电源电压恒定时,电机的输入功率 P_1、电枢电流 I_a、效率 η、功率因数 $\cos\varphi$ 等与输出功率的关系。

(6)永磁同步电机优点:

①以电子换向实现无刷运行,结构简单,运行可靠。

②永磁同步电机的转速与电源频率间始终保持准确的同步关系,控制电源频率就

新能源汽车驱动电机及**控制技术**

能控制电机的转速。

③永磁同步电机具有较硬的机械特性，适合在负载转矩变化较大的工况下运行。

④可以在很低的转速下保持同步运行，调速范围宽。

⑤定子电流和定子铜耗小，效率高。

⑥体积小、质量轻。

⑦结构多样化，应用范围广。

(7)永磁同步电机缺点：

①由于永磁同步电机转子为永磁体，无法调节，必须通过加定子直轴去磁电流分量来削弱磁场，这会增大定子的电流，增加电机的铜耗。

②永磁同步电机的磁钢价格较高。

任务五
永磁同步电机结构与检测

课后习题

1. 判断题

（1）永磁同步电机是用永磁体取代绕线式同步电机转子中的励磁绕组，从而省去了励磁线圈、集电环和电刷。　　　　　　　　　　　　　　　　　　　　　（　　）

（2）当电动机恒速运行时，定子三相绕组所感应的电势则为正弦波，正弦波永磁同步电动机由此而得名。　　　　　　　　　　　　　　　　　　　　　　　　（　　）

（3）永磁同步电机与其他电机的不同是转子上安装有外部换向器。　　　（　　）

（4）表面凸出式与嵌入式转子磁路结构中，永磁体通常呈瓦片形，并位于转子铁芯的外表面，永磁体提供磁通的方向为径向。　　　　　　　　　　　　　　　（　　）

（5）永磁同步电机的定子是三相对称绕组，三相正弦波电压在定子三相绕组中产生对称三相正弦波电流，并在气隙中产生旋转磁场。　　　　　　　　　　　　（　　）

（6）永磁同步电机在使用过程中，要根据永磁同步电机的使用环境和频率，对其进行定期的维护检查。　　　　　　　　　　　　　　　　　　　　　　　　　（　　）

2. 单选题

（1）按（　　）来分，永磁同步电机可以分为正弦波和梯形波两种。

A. 转子磁钢形状　　　　　　B. 永磁体位置　　　　　C. 运行方式

（2）与其他电机相比，永磁同步电机还必须装有（　　），用来检测磁极位置，并以此对电枢电流进行控制，达到对永磁同步电机驱动控制的目的。

A. 永磁体　　　　　　　　　B. 转子位置传感器　　　C. 逆变器

（3）为防止永磁体磁通短路，（　　）永磁转子开有安装永磁体的槽，并且在转子铁芯的开槽上还开有隔磁空气槽。

A. 内置切向式　　　　　　　B. 内置径向式　　　　　C. 内置混合式

（4）（　　）与电机本体一样，也是由静止部分和运动部分组成，即位置传感器定子和位置传感器转子。

A. 磁阻式位置传感器　　　　B. 光电式位置传感器　　C. 霍尔位置传感器

（5）永磁同步电机是以（　　）为媒介进行机械能和电能相互转换的电磁装置。

A. 磁场　　　　　　　　B. 电流　　　　　　　C. 励磁

（6）定子绕组检测前要将紧急维修开关拔掉，等待（　　）min 以上。

A. 3　　　　　　　　B. 4　　　　　　　C. 5　　　　　　　D. 6

任务六

开关磁阻电机结构与检测

学习目标

(1) 掌握开关磁阻电机的结构组成及工作原理。
(2) 了解开关磁阻电机的特点及其性能。
(3) 正确完成开关磁阻电机的拆装。
(4) 按照正确步骤完成开关磁阻电机控制系统的检测。

任务描述

  开关磁阻电机由开关磁阻电机本体、功率变换器、传感器和控制器四部分组成,其中开关磁阻电机本体起关键作用,能将电能转换成机械能。开关磁阻电机结构简单坚固,调速范围宽,调速性能优异,且在整个调速范围内都具有较高效率,系统可靠性高。

  本任务主要介绍了开关磁阻电机的结构与检测功能。

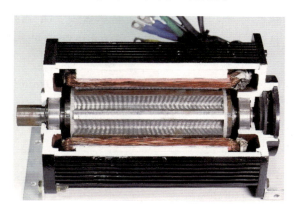

任务六 开关磁阻电机结构与检测

> **知识准备**

开关磁阻电机是一种新型调速电机，调速系统兼具直流、交流两类调速系统的优点。它的结构简单坚固，调速范围宽，调速性能优异，且在整个调速范围内都具有较高效率，系统可靠性高。

一、开关磁阻电机的结构

一般开关磁阻电机是由开关磁阻电机本体、功率变换器、传感器和控制器四部分组成，如图 6-1 所示。开关磁阻电机本体起关键作用，其主要是由双凸极的定子和转子组成，能将电能转换成机械能。

1. 定子

开关磁阻电机的定子是由硅钢片叠压而成的，其内部有凸出的定子凸极，也是由硅钢片叠压而成，如图 6-2 所示。其主要作用是向电机提供工作磁场。

图 6-1 开关磁阻电机的结构组成

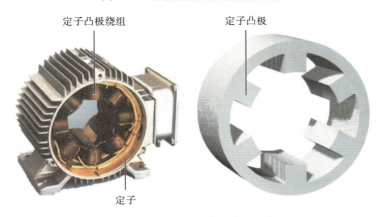

图 6-2 开关磁阻电机定子结构

定子凸极采用集中绕组励磁，把沿径向相对的两个绕组串联成一个两级磁极，称为"一相"，如图6-3所示的6/4极（表示6个定子凸极、4个转子凸极）结构共有三相绕组。

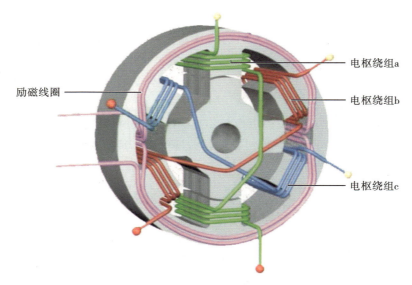

图6-3 三相6/4极开关磁阻电机的定子极线圈绕组

2. 转子

开关磁阻电机的转子也是由普通的硅钢片叠压而成，转子外周有转子凸极，如图6-4所示。但是开关磁阻的转子凸极上既无绕组也无永磁体，仅由硅钢片叠成，这也是开关磁阻电机的主要特点。

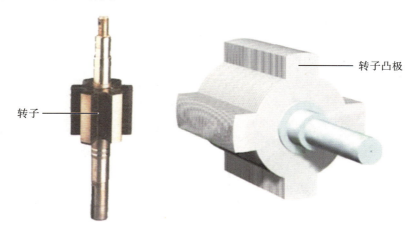

图6-4 开关磁阻电机转子结构

与其他电机一样，转子与定子间也有很小的气隙，保证转子可以在定子内自由转动，如图6-5所示。

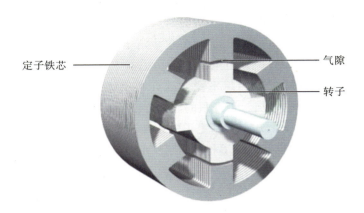

图 6-5 开关磁阻电机气隙

开关磁阻电机的定子与转子相数不同，有多种不同的搭配，如单相、二相、四相及多相等。定子和转子极数组合方案如表 6-1 所示。

表 6-1 开关磁阻电机的极数组合

相数	定子极数	转子极数	步进角/(°)
3	6	4	30
4	8	6	15
5	10	8	9
6	12	10	9
7	14	12	4.25
8	16	14	3.21
9	18	16	2.5

低于三相的开关磁阻电机一般没有自启动能力。相数多，有利于减小转矩脉动，但导致结构复杂、主开关器件多、成本高。目前应用较多的是三相 6/4 极结构、三相 12/8 极结构，如图 6-6 所示。

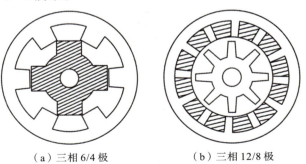

(a) 三相 6/4 极　　　　(b) 三相 12/8 极

图 6-6 开关磁阻电机的几种组合方式

三相6/4极结构说明电机定子有6个凸极,转子有4个凸极,在定子相对称的两个凸极上的集中绕组互相串联,构成一相,相数＝定子凸极数/2。转子上没有绕组,定子上有6个凸极的称为3相开关磁阻电机,定子上有8个凸极的称为4相开关磁阻电机。相数越多,步进角越小,运转越平稳,越有利于减小转矩波动,但控制越复杂,导致主开关器件增多和成本增加。步进角的计算方法:

$$a = 360° \times 2 / (定子极数 \times 转子极数)$$

图6-7为几种开关磁阻电机定子和转子结构的剖面示意图。

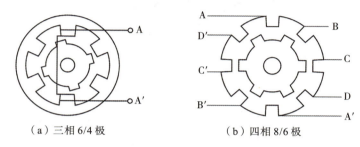

（a）三相6/4极　　　　　　（b）四相8/6极

图6-7　几种开关磁阻电机的定子和转子结构的剖面示意图

3. 其他部分

开关磁阻电机的其他部分由电机本体的定子、转子以外的其他机械部件(如机座、转轴、风扇等)、功率变换器、传感器和控制器组成。由于其他机械部件与其他几种电机的结构基本一致,我们将不在此赘述。而主要描述功率变换器、位置传感器和控制器,最后对开关磁阻电机的特点进行概括总结。

1) 功率变换器

功率变换器是开关磁阻电机系统能量传输的关键部分,是影响系统性能与其成本的主要因素。它起着控制电机绕组与直流电源接通和断开的作用,由于开关磁阻电机绕组电流通常是单向的,这使得功率变换器主电路不仅结构简单,而且相绕组与功率开关管为串联,即可避免电源短路危险。

功率变换器的结构形式与开关磁阻电机相数、电机功率以及驱动要求等有关。功率变换器主电路形式的选取对开关磁阻电机的设计也直接产生影响,应根据具体性能、使用场所等方面综合考虑,给出最佳组合方案。开关磁阻电机常用的功率变换器主电路有很多种,应用最普遍的有三种,如图6-8所示。

图6-8(a)所示的主电路为单电源供电方式,每相有两个主开关器件,工作原理简单。导通模式有3种:①两个主开关同时导通,绕组获得正向电源,电流增加;②一个主开关器件导通;③两个主开关同时关断。这种主电路中主开关承受的额定电源电压为U_d。它在任何相数、任何功率等级下都有明显的优势。

图6-8(b)所示主电路的特点是每相必须有两个绕组,其中一个绕组与开关串联,

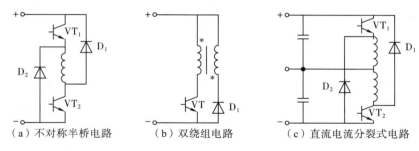

（a）不对称半桥电路　　（b）双绕组电路　　（c）直流电流分裂式电路

图 6-8　三种基本的功率变换器主电路

另一个通过续流二极管串联，两个绕组完全耦合（通常采用双股并绕）。工作时，电源通过开关管向绕组供电，开关管关断后，磁场储能通过续流二极管向电源回馈。开关管承受的最大工作电压为 $2U_d$。

图 6-8(c)所示的主电路为分裂式电路，使用对称电源供电。每相只有一个主开关，上桥臂从上电源吸收能量，并将剩余的能量回馈到下电源，或从下电源吸取能量，将剩余的能量回馈到上电源。因此，为保证上、下桥臂电压的平衡，这种主电路只能用于偶数相电机。主开关正常工作时的最大反向电压为 U_d。每相绕组导通时绕组两端的电压仅为 $U_d/2$。

2）位置传感器

开关磁阻电机的位置传感器常见的类型有霍尔式、电磁式、光电式和磁敏式多种，常布置在电机的非输出端，如图 6-9 所示为开关磁阻电机传感器的位置。

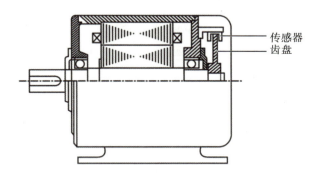

图 6-9　开关磁阻电机传感器的位置

光电式位置传感器由齿盘和光电传感器组成。齿盘截面和转子截面相同，装在转子上，光电传感器装在定子上。当齿盘随转子转动时，光电传感器检测到转子齿的位置信号。

位置传感器的检测原理如图 6-10 所示。其中 6-10(a)是一个四相 8/6 极电机的位置检测器的结构，它只设置 S_P 和 S_Q 两个传感器，它们空间相差 15°，磁盘上有间隔 30°的 6 个磁槽，检测到的基本信号如图 6-10(b)所示。

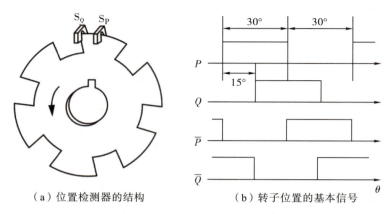

(a) 位置检测器的结构　　　　(b) 转子位置的基本信号

图 6-10　转子位置的检测原理

位置传感器的引入增加了开关磁阻电机结构的复杂性，影响了其可靠性，因此人们正致力于研究无传感器方案。通过检测相电感来获取转子位置信息，这已被公认是非常有意义的研究方向。

3) 控制器

控制器综合传感器检测的电动机转子位置、速度和电流等反馈信息以及外部输入的控制指令，实现对开关磁阻电机运行状态的控制，是开关磁阻电机系统的指挥中枢。控制器一般由单片机及外围接口电路等组成。

二、开关磁阻电机工作原理

开关磁阻电机是根据磁场力原理工作的。开关磁阻电机的定子与转子相数不同，有多种不同的结构形式，这里主要介绍三相6/4极和四相8/6极开关磁阻电机的工作原理。

1. 三相6/4极开关磁阻电机工作原理

三相6/4极开关磁阻电机的正视图如图6-3所示，图中，定子6个凸极上绕有线圈，径向相对的两个线圈连接在一起（标有红色圆点的线端连接在一起），组成一相。定义绿色线圈为电枢绕组a，定义红色线圈为电枢绕组b，定义蓝色线圈为电枢绕组c。该定义是为了方便后面分析磁路，不是用来连接普通的三相交流电。

以下将对转子旋转时各电枢绕组内磁通的变化进行详细分析：

转子逆时针旋转，当定子凸极与转子凸极对齐时，电角度为0°，电枢绕组a内定子凸极磁通最大，而电枢绕组b与电枢绕组c内磁通接近零，如图6-11(a)所示。

当转子旋转到机械角度15°（电角度60°）时，电枢绕组a内磁通减半，电枢绕组b内磁通增大近半，电枢绕组c内磁通接近零，如图6-11(b)所示。

当转子旋转到机械角度30°（电角度120°）时，电枢绕组a内磁通下降近零，电枢绕

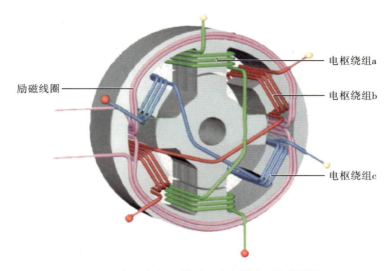

图 6-3 三相 6/4 极开关磁阻电机的定子极线圈绕组

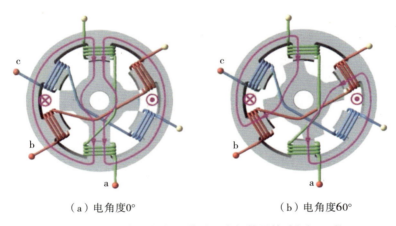

（a）电角度0°　　　　　　　　（b）电角度60°

图 6-11 三相 6/4 极开关磁阻电机转子转动(0°~60°)

组 b 内磁通增至最大，电枢绕组 c 内磁通接近零，如图 6-12(a)所示。

当转子旋转到机械角度 45°(电角度 180°)时，电枢绕组 a 内磁通接近零，电枢绕组 b 内磁通减半，电枢绕组 c 内磁通增大近半，如图 6-12(b)所示。

当转子旋转到机械角度 60°(电角度 240°)时，电枢绕组 a 内磁通近零，电枢绕组 b 内磁通下降近零，电枢绕组 c 内磁通增至最大，如图 6-13(a)所示。

当转子旋转到机械角度 75°(电角度 300°)时，电枢绕组 a 内磁通增大近半，电枢绕组 b 内磁通近零，电枢绕组 c 内磁通下降近半，如图 6-13(b)所示。

当转子旋转到机械角度 90°(电角度 360°)时，电枢绕组 a 内磁通增至最大，电枢绕组 b 内磁通近零，电枢绕组 c 内磁通下降近零，此时又旋转至起始点状态，即机械角度与电角度均为 0°的状态，如图 6-11(a)所示。然后转子继续旋转，重复以上循环。

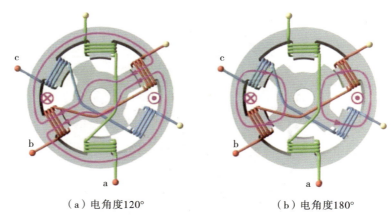

（a）电角度120°　　　　　　　　（b）电角度180°

图6-12　三相6/4极开关磁阻电机转子转动（120°~180°）

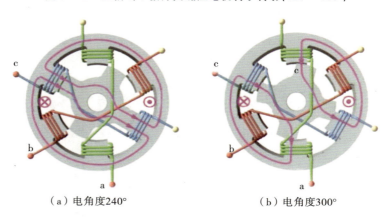

（a）电角度240°　　　　　　　　（b）电角度300°

图6-13　三相6/4极开关磁阻电机转子转动（240°~300°）

2. 四相8/6极开关磁阻电机工作原理

四相8/6极开关磁阻电机的工作原理如图6-14所示，图中，S_1、S_2是电子开关；VD_1、VD_2是二极管；U是直流电源。

开关磁阻电机的磁阻随着转子磁极与定子磁极的中心线对准或错开而变化。因为电感与磁阻成反比，所以当转子磁极在定子磁极中心线位置时，相绕组电感最大；当转子磁极中心线对准定子磁极中心线时，相绕组电感最小。

开关磁阻电机的运行原理遵循"磁阻最小原理"，即磁通总要沿着磁阻最小的路径闭合，所以具有一定形状的铁芯在移动到最小磁阻位置时，必须使自己的主轴线与磁场的轴线重合。由图6-14可以看出，当定子D-D′极励磁时，所产生的磁力力图使转子旋转到转子极轴线1-1′与定子极轴线D-D′重合的位置，并使D相励磁绕组的电感最大。如果以图6-14中定子、转子所处的相对位置作为起始位置，若依次给D→A→B→C相绕组通电，转子即会逆着励磁顺序以逆时针方向连续旋转；反之，若依次给

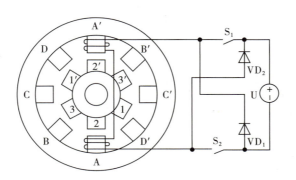

图 6-14 开关磁阻电机工作原理

B→A→D→C 相通电,则电机会沿着顺时针方向转动。所以开关磁阻电机的转向与相绕组的电流方向无关,而仅取决于相绕组通电的顺序。

三、开关磁阻电机特点

1. 开关磁阻电机优点

1)结构简单,成本低

开关磁阻电机的结构相对比较简单。其突出优点是转子上没有任何形式的绕组,因此不会有鼠笼铸造不合适及使用中断条等问题。其转子机械强度极高,可以用于超高速运转。在定子方面,它有几个集中绕组,因此制造简便,绝缘容易。

2)功率电路,简单可靠

因为电机转矩方向与绕组电流方向无关,即只需单向绕组电流。功率电路可以做到每相一个功率开关,并且每个功率开关元件均直接与电机绕组相串联,从根本上避免了直通短路现象。因此开关磁阻电机调速系统中功率电路的保护电路可以简化,既降低了成本,又提高了其工作可靠性。

3)各相可以独立工作,可靠性高

从电机的电磁结构上看,各相绕组和磁路相互独立,各自在一定轴角范围内产生电磁转矩,而不像在一般电机中必须在各相绕组和磁路共同作用下产生一个旋转磁场,电机才能正常运转。从控制器结构上看,各相电路各自给一相绕组供电,一般也是相互独立工作。由此可知,当电机一相绕组或控制器一相电路发生故障时,只需停止该相工作,而电机除总输出功率能力有所减小外,并无其他问题。因此该系统可靠性极高,可适用于航空、新能源汽车等使用。

4)启动电流小,转矩大

低启动电流控制器,从电源侧吸收较少的电流,在电机侧得到较大的启动转矩是磁阻电机的一大特点。因此开关磁阻电机很适合新能源车辆等需要重载启动,和较长时间低速重载运行的机械。

5）适用于频繁启停及正向、反向转换运行

开关磁阻电机具有低启动电流，高启动转矩的特点，使其在启动过程中电流冲击小，电机和控制器发热较连续额定运行时还小，可控参数多，调速性能好。控制开关磁阻电机的主要运行参数有相开通角、相关断角、相电流幅值及相绕组电压等。因而可控参数多，控制灵活方便。根据对电机的运行要求和电机的情况，可采用不同控制方法和参数值，使其运行于最佳状态。还可使其实现各种不同的功能和特定的特性曲线。

6）损耗小，效率高

因为开关磁阻电机的转子不存在绕组铜损，加上可控参数多、灵活方便，故易于在宽转速范围和不同负载下实现高效优化控制。

7）易于回收利用

定子和转子材料使用磁铁，都是常见的硅钢片，因而材料容易得到且回收利用容易。

8）高温运转，性能好

由于运转时转子不发热，冷却控制比较容易，因此可以在高温下运转。

2. 开关磁阻电动机缺点

1）转矩有脉动现象

开关磁阻电机的磁场是跳跃性旋转的，使开关磁阻电机输出的转速与转矩更易产生脉动现象。

2）振动与噪声

开关磁阻电机的转速与转矩有脉动现象，加上单边磁拉力的作用，产生的振动与噪声比其他类型的电机要大。

3）控制系统复杂

开关磁阻电机必须安装位置传感器和电流传感器等总成，所以引线比其他电机要多，控制和接线变得更复杂。

4）脉冲电流对供电电源有影响

开关磁阻电机的相电流是脉冲电流，这会对为它供电的直流电源产生很大的脉冲电流。

四、开关磁阻电动机性能

开关磁阻电机调速系统兼具直流、交流两类调速系统的优点，是继变频调速系统、无刷直流电机调速系统后的最新一代无极调速系统。开关磁阻电机有其独有的特点和运行特性。

开关磁阻电机的运行特性可分为3个区域：恒转矩区、恒功率区、串励特性区（自然特性区），如图 6-15 所示。

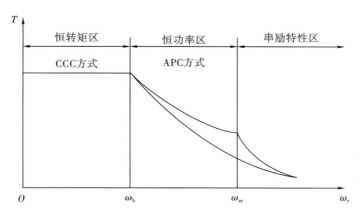

图 6-15 开关磁阻电机的运行特性图

开关磁阻电机一般运行在恒转矩区和恒功率区。在这两个区域内，电机的实际运行特性可控。通过控制条件，可以实现在实线以下的任意实际运行特性。

在恒转矩区，电机转速较低，电机反电动势小，因此需采用电流斩波控制（current chop control，CCC）方式。

在恒功率区，旋转电动势较大，开关器件导通的时间较短，因此电流较小。当外加电压和开关角一定时，随着角度的增加，转矩急剧下降，此时可采用角度位置控制（angle position control，APC）方式，通过按比例地增大导通角来补偿，延缓转矩的下降速度。

在串励特性区，电机的可控条件都已达极限，电机的运行特性不再可控，电机呈现自然串励运行特性，电机一般不在此区域运行。

电机运行时存在着第一、第二两个临界运行点，采用不同的可控条件组合可得到两个临界点的不同配置，从而得到各种各样所需的机械特性。

临界运行点对应的转速称为临界转速，是开关磁阻电机运行和设计时要考虑的重要参数。第一临界转速是开关磁阻电机开始运行于恒功率特性的临界转速，定义为开关磁阻电机的额定转速，对应的功率即为额定功率；第二临界转速是能得到额定功率的最高转速，是恒功率特性的上限。当转速为第二临界转速时，可控条件都达到了极限，若转速再增加，输出功率将下降。

新能源汽车驱动电机及**控制技术**

实训一　开关磁阻电机的拆装

实训目的

（1）能够使用正确的工具拆卸、安装开关磁阻电机。
（2）拆卸、安装开关磁阻电机时的步骤顺序正确。

实训要求

（1）工具使用正确。
（2）注意实训作业时动作规范标准，避免安全事故的发生。
（3）拆卸零件需要妥善安置与摆放，以防零件丢失。

实训耗材

（1）设备准备：开关磁阻电机。
（2）工具准备：拆装工具、清洁工具盒、钢套筒、紫铜棒、台虎钳、顶拔器（图 6-16）。

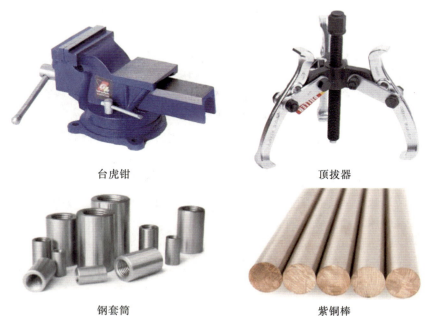

台虎钳　　　　　　　　顶拔器

钢套筒　　　　　　　　紫铜棒

图 6-16　开关磁阻电机的拆装实训器材

操作步骤

1. 准备工作

(1)在拆卸前，要用压缩空气吹净电机表面的灰尘，并将电机表面擦拭干净。

(2)选择合适的拆卸电机的地点，并清理现场环境。

(3)熟悉电机结构特点和检修技术要求。

(4)准备好拆卸电机所需的工具(包括专用工具)。

(5)切断电源，拆开电机外部接线并做好记录。

(6)对于配合面生锈的，应事先涂上松锈剂，等10~30 min后再进行拆卸或用加热法进行拆卸。

2. 操作步骤

(1)拆除电动机的所有接线，同时做好复位标记和记录。观察电机的结构和铭牌并填写工作页。

(2)拆除的开关磁阻电机端盖螺栓和轴承盖的螺栓，并取下轴承外盖。

注意事项

❖有些电机端盖上不具备拆卸端盖用的顶丝孔，此时可将扁凿插入端盖"突耳"与机座接缝处，用手锤沿圆周轻轻、均匀地敲打，取下端盖。

(3)抽出转子。

注意事项

❖抽出转子后，要及时检查转子检测器是否被损伤，如有损伤，要及时修理好。

(4)取出定子，检查定子绕组(操作过程中要防止擦伤绕组，铁芯和绝缘等)。

(5)安装定子绕组(操作过程中要防止擦伤绕组，铁芯和绝缘等)。

(6)安装转子，安装前需检查转子主轴轴承情况，确保轴承转动良好无故障。

(7)安装电机前端盖与后端盖，安装时需要注意对准复位标记。

(8)安装并紧固开关磁阻电动机端盖螺栓。

(9)安装电动机接线柱及所有接线。

注意事项

❖拆装时，需检查电机主轴轴承情况，如有故障需及时更换。

❖装配时，拧紧端盖螺栓，必须四周用力均匀，按对角上、下、左、右反复逐步拧紧。

新能源汽车驱动电机及**控制技术**

实训二　开关磁阻电机的静态检测

实训目的

（1）能够正确使用静态检测设备，对开关磁阻电机进行静态检测。
（2）能够根据检测的内容及结果判断开关磁阻电机的好坏。

实训要求

（1）元器件布局合理。
（2）注意安全使用检测设备，不能损坏元器件。
（3）使用电子兆欧表检测电机励磁绕组对壳体绝缘性能，并判断电机好坏。
（4）使用数字电桥检测励磁绕组电感值与电阻值，与厂方数据对比，判断电机是否存在断路、匝数错误、匝间断路等故障。

实训耗材

（1）设备准备：开关磁阻电动机。
（2）材料准备：电气连接导线一套。
（3）仪器准备（图6-17）：数字电桥、电子兆欧表、脉冲电压测试仪、耐压测试仪。

（a）数字电桥　　　　　　　　　（b）电子兆欧表

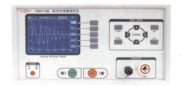

（c）脉冲电压测试仪　　　　　　（d）耐压测试仪

图6-17　开关磁阻电动机的静态检测实训器材

任务六

开关磁阻电机结构与检测

操作步骤

1. 开关磁阻电机绕组绝缘性测试

(1)将电子兆欧表正极表笔连接至三相绕组 U 相输入端子,将电子兆欧表负极表笔连接至电动机主轴。

(2)启动电子兆欧表,调整兆欧表放电电压至 1000 V,调整电子兆欧表测试时间为 1 min。

(3)观察兆欧表读数,并记录。兆欧表读数应参考厂方的标准值(一般电动机应不低于 15 MΩ),若兆欧表读数低于厂方标准值则说明交流异步电动机 U 相绕组存在绝缘性故障,需要维修。

(4)以同样方式测试 V 相、W 相绕组绝缘性,记录并与厂方参考数值相比对。

(5)测试完毕之后,取下兆欧表正负极表笔;使用电气连接导线,连接三相绕组与电动机壳体进行放电操作。

2. 开关磁阻电动机绕组电感值与电阻值测试

(1)打开数字电桥,将数字电桥测试模式调整至电感测试挡。

(2)分别将数字电桥两支测试表笔连接至三相绕组 U 相端子与 V 相端子。

(3)观察数字电桥电感值读数,并记录。将电感值与厂方标准值相比较,可以推断三相绕组是否存在匝间短路等故障。

(4)将数字电桥的挡位调至电阻测试挡位,并连接测试。

(5)观察数字电桥电阻值读数,并记录。将电阻值与厂方标准值相比较,可以推断电枢绕组是否存在匝间短路等故障。

(6)重复以上操作,分别测量 W 相与 U 相端子,以及 W 与 V 相端子,记录数据并与厂方标准值相比较。

3. 开关磁阻电机三相绕组耐压性测试

(1)打开耐压测试仪,检查耐压测试仪的急停开关是否归位,将测试电压调整旋钮扭转至最小值。

(2)将耐压测试仪的搭铁端连接到电动机壳体上。

(3)将测试笔连接至三相绕组 U 相端子。

(4)旋动测试电压调整旋钮,逐步增大测试电压;观察耐压测试仪仪表,当超漏灯亮起,则说明电动机已经达到最大耐压值。

(5)记录耐压值数据,并与厂方标准数值相比较,如果耐压值低于厂方规定值则说明电动机存在绝缘故障的风险。

(6)重复以上步骤连接 V 相端子及 W 相端子,测量三相绕组的最大耐压值,并与厂方标准数值比较。

(7)断开耐压测试仪与电动机连接。

(8)使用电气连接导线，连接励磁绕组一端与电机壳体，进行放电操作。

4. 开关磁阻电机三相绕组脉冲电压测试

(1)打开脉冲电压测试仪，检查测试仪测试接头及仪表控制装置是否安装到位。

(2)连接测试接头至 U 相端子及 V 相端子上，踩下测试脚控踏板，进行脉冲电压检测。

(3)观察仪表显示的脉冲电压波形，并按下记录键，保存波形。

(4)更换测试接头至连接 V 相端子及 W 相端子，踩下测试脚控踏板，进行脉冲电压检测。

(5)观察仪表显示脉冲电压波形，仪表会自动将目前波形与之前记录波形进行匹配对比，若波形相差较大，则会显示测试结果为"不合格"，若波形吻合，则会显示"合格"。

注意事项

✧若显示为"不合格"则说明三相绕组存在故障，但无法判定是哪一相绕组发生故障。需要将三相端子全部检测之后，对结果进行分析，才能推测出是哪一相绕组存在故障，并进行拆解检测与修复。

学习小结

(1)开关磁阻电机驱动系统主要由开关磁阻电机、功率变换器、传感器和控制器四部分组成。

(2)开关磁阻电机其定子、转子均由普通硅钢片叠压而成。转子上既无绕组也无永久磁铁，一般装有位置检测器；定子上绕有集中绕组，径向相对的两个绕组串联构成一相绕组，大多数为四相 8/6 极开关磁阻电动机。

(3)功率变换器的主要作用：连接电源与电机，为其正常运行提供电能，满足所需要的机械能转换；开关作用，使绕组与电源接通或断开；续流作用，为绕组储能的回馈提供路径。

(4)开关磁阻电机的位置传感器常见的类型有霍尔式、电磁式、光电式和磁敏式多种，常布置在电机的非输出端。

(5)开关磁阻电机优点：

①结构简单，成本低；

②功率电路，简单可靠；

③各相可以独立工作，可靠性高；

④启动电流小，转矩大；

⑤适用于频繁启停及正向、反向转换运行；

⑥损耗小，效率高；

⑦易于回收利用。

（6）开关磁阻电机缺点：

①转矩有脉动现象；

②振动与噪声较大；

③控制系统复杂。

④脉冲电流对供电电源有影响。

（7）开关磁阻电机一般运行在恒转矩区和恒功率区。在这两个区域内，电机的实际运行特性可控。

（8）在恒转矩区，电机转速较低，电机反电动势小，因此需采用电流斩波控制（CCC）方式。

（9）在恒功率区，旋转电动势较大，开关器件导通的时间较短，因此电流较小。当外加电压和开关角一定时，随着角度的增加，转矩急剧下降，此时可采用角度位置控制（APC）方式，通过按比例地增大导通角来补偿，延缓转矩的下降速度。

（10）在串励特性区，电机的可控条件都已达极限，电机的运行特性不再可控，电机呈现自然串励运行特性。电机一般不在此区间运行。

新能源汽车驱动电机及**控制技术**

课后习题

1. 判断题

（1）开关磁阻电机最早是1883年用于机车牵引，直到现代功率电子学和大功率计算设备的出现，开关磁阻电机的潜能才得以充分发挥。（　　）

（2）永磁同步电机采用的是双凸极的定子和转子。（　　）

（3）即使低于三相的开关磁阻电机也具有自启动能力。（　　）

（4）光电式位置传感器由齿盘和光电传感器组成。（　　）

（5）功率变换器的结构形式与开关磁阻电机相数、电机功率以及驱动要求无关。（　　）

（6）"磁阻最小原理"是指磁通总是沿着磁阻最小的路径闭合。当定子的某相绕组通电时，所产生的磁场由于磁力线扭曲而产生切向磁拉力，迫使相近的转子极即导磁体旋转到其轴线与该定子极轴线对齐的位置，即磁阻最小位置。（　　）

（7）四相8/6极开关磁阻电机的定子上有八个凸极，转子上有六个凸极。（　　）

（8）开关磁阻电机的高温运转性能极其不稳定。（　　）

（9）开关磁阻电机的控制系统非常简单。（　　）

（10）开关磁阻电机一般运行在恒转矩区和串励特性区。（　　）

2. 单选题

（1）（　　）起关键作用，主要是由双凸极的定子和转子组成，能将电能转换成机械能。

A. 开关磁阻电机本体　　　　B. 功率变换器

C. 位置传感器　　　　　　　D. 控制器

（2）（　　）主要作用是向电机提供工作磁场。

A. 转子　　　B. 定子　　　C. 定子绕组

（3）开关磁阻电机的主要特点是（　　）。

A. 转子凸极上既无绕组，也无永磁体　　B. 定子凸极上既无绕组，也无永磁体

C. 转子凸极上有绕组，无永磁体　　　　D. 定子凸极上有绕组，无永磁体

（4）（　　）是开关磁阻电机系统能量传输的关键部分，是影响系统性能与其成本的主要因素

A. 位置传感器　　B. 控制器　　C. 功率变换器

（5）开关磁阻电机是根据（　　）原理工作的。

A. 电磁感应　　B. 磁场力　　C. 右手法则

（6）开关磁阻电机的运行原理遵循"磁阻最小原理"，即磁通总要沿着磁阻（　　）路径闭合。

A. 最小　　　B. 与磁阻相等　　C. 最大

· 114 ·

任务六

开关磁阻电机结构与检测

(7)开关磁阻电机的转向取决于（　　）。

A. 磁场方向　　　B. 启动电容　　　C. 电流方向　　　D. 相绕组导通顺序

(8)下面哪一项不是开关磁阻电机的优点？（　　）

A. 各相可以独立工作　　　　　　B. 适用于频繁启停及正反向转换运行

C. 转矩有脉动现象　　　　　　　D. 启动电流小，转矩大

(9)开关磁阻电机在恒转矩区的运行方式是_____，在恒功率区的运行方式是_____，在自然特性区（串励特性区）呈现_____特性。（　　）

A. 角度位置控制方式（APC），电流斩波控制（CCC）方式，自然串励运行

B. 电流斩波控制（CCC）方式，角度位置控制方式（APC），自然串励运行

C. 电流斩波控制（CCC）方式，自然串励运行，角度位置控制方式（APC）

D. 自然串励运行，电流斩波控制（CCC）方式，角度位置控制方式（APC）

• 115 •

任务七

驱动电机控制方式与原理

学习目标

（1）掌握直流电机的控制方式及原理。

（2）掌握交流异步电机的控制方式及原理。

（3）掌握永磁同步电机的控制方式及原理。

（4）掌握开关磁阻电机的控制方式及原理。

（5）敢为人先，不断创新，培养奋发图强、报效国家的精神。

任务描述

新能源汽车在工作时对驱动系统的要求很高，需要驱动电机具有瞬时功率大、过载能力强、加速性能好、使用寿命长的特点。同时必须具有宽的调速范围，包括恒转矩区和恒功率区，在恒转矩区低速运行时有大转矩，以满足启动和爬坡要求。要想满足这些要求就要通过相应的电机驱动控制技术来实现。因此，电机驱动控制技术是新能源汽车的核心技术，对于新能源汽车性能有很大的影响。

本任务主要介绍了直流电机、交流异步电机、永磁同步电机、开关磁阻电机原理及其控制方式。

知识准备

电机控制目标包括速度控制和位置控制两大类。电机的速度控制系统也称为电机调速系统，广泛应用于机械、冶金、化工、造纸、纺织、矿山和交通等工业部门。电机的位置控制系统或位置伺服系统也称为电机的运动控制（motion control）系统。电机的运动控制系统是通过电机伺服驱动装置，将给定的位置指令变成期望的机构运动，

· 116 ·

一般系统功率不大，但对定位精度有要求，并具有频繁启动和制动的特点，在雷达、导航、数控机床、机器人、打印机、复印机、扫描仪、磁记录仪、磁盘驱动器和自动洗衣机等领域得到广泛应用。

一、直流电机控制方式及原理

随着科技的进步，电动车控制方式也向着智能化、小型化、低功耗的方向发展。在此过程中，电机控制器以体积小、性能稳定等诸多优点逐步进入生产生活的各个方面。

目前国内外对电机的调速控制，已基本用数字调速系统取代了模拟调速系统。而数字调速系统大部分都是用单片机来进行控制，数字调速系统具有控制精确度高，稳定性强，受环境影响小，效率高等优点，所以使用越来越广泛。本次任务主要对直流电机几种常见的控制技术进行介绍。

1. 单象限直流斩波控制技术

单象限直流斩波器适用于电动模式，能量从能量源流向负载。

1）单象限直流斩波器

图 7-1 所示为一个单象限直流斩波器驱动电路原理图，S 是一个开关器件。假设开关 S 与二极管 VD 均为理想器件，若开关 S 闭合，电流从零开始逐渐增大到稳态。当开关 S 断开时，由于电枢是感性负载，负载电流通过二极管续流。

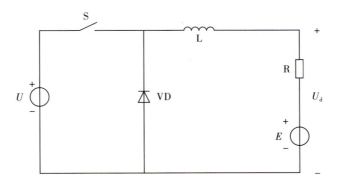

图 7-1 单象限直流斩波器驱动电路原理图

2）单象限直流斩波控制技术

单象限直流斩波器驱动电路稳态波形如图 7-2 所示。t_{on} 为开关 S 闭合时间，t_{off} 为开关 S 断开的时间，T 为开关 S 的开关周期，i_0 为通过电机的电流，i_G 为通过功率开关管的电流，D 为占空比，E 为旋转电动势。其中平均输出电压 U_d 的表达式为

$$U_d = \frac{t_{on}}{t_{on}+t_{off}}U = \frac{t_{on}}{T}U = DU \tag{7-1}$$

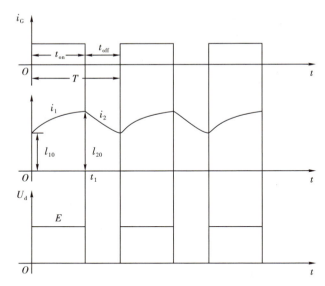

图7-2 单象限直流斩波器驱动电路稳态波形

电机稳定运行时,电子开关在一定的占空比下工作,U_d、E 和转子电流 I_d 均保持不变,转子电流产生的转矩恰好抵消负载的阻力矩;在加速过程中,占空比增大,使得 U_d 增大,转子电流也随之增大,电动转矩大于阻转矩,电机加速运行;随着速度的上升,旋转电动势 E 也在增大,转子电流和电动转矩因之而减小,当电动转矩减小到又与负载的阻力矩相等时,电机停止加速。

但是,这种电路不能控制电机的减速。欲使电机减速,只能做以下处理:减小占空比使 U_d 减小,转子电流 I_d 也随之减小,电动力矩小于负载的阻力矩产生负的加速度;或者 U_d 干脆小于 E,电机在负载力矩的作用下减速。由此可见,要想快速地制动只能采取能耗制动或摩擦制动等措施,使电机在较短的时间减速或停机。并且,电机的制动能量也不可能回馈到电网。

2. 二象限直流斩波控制技术

二象限直流斩波器适用于再生制动模式,能量从负载流向电源。二象限直流斩波器非常适用于电动汽车驱动和再生制动。

1)二象限直流斩波器

图7-3所示为二象限直流斩波器驱动电路原理图。电路中有两个电力电子开关 S_1、S_2 和两个续流二极管 VD_1、VD_2。其中 S_1、VD_2、电感 L、直流电源和负载组成降压型斩波器;S_2、VD_1、电感 L、直流电源和负载组成升压型斩波器。在电动状态,S_2 保持关断状态,S_1 按占空比的要求周期性地通断。在 S_1 接通时,电源通过 S_1 向电机供电,并向电感补充能量,此时两个二极管都不导通,$U_d = U$。S_1 关断后,电源与负载之间的通路被断开,在电感的作用下,电流 i_L 经 VD_2 形成回路。此时 VD_2 端的

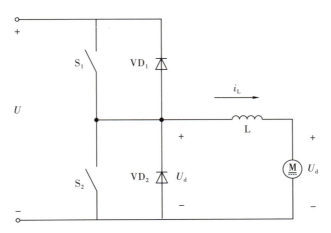

图 7-3 二象限直流斩波器驱动电路原理图

电压 $U_d = 0$。不难看出,这种状态下电机的端电压与电源电压之间的关系:

$$U_d = DU \tag{7-2}$$

2)二象限直流斩波控制技术

再生制动状态电子开关 S_1 保持关断,S_2 周期性地通断。这时的电路成为一个升压型斩波器,电机的反电势相当于直流电源(U_d 近似等于旋转电动势 E),直流电源相当于升压斩波器的负载。能量由电机提供,被直流电源吸收,所以电感电流 i_L 为负值。S_2 导通时,电机、电感和 S_2 形成回路,电流逆时针方向流动,电机输出的电能被电感储存。当 S_2 关断时,由于电感中的电流不能突变,电流只能通过二极管 VD_2 流向电源,此时电流的途径为(实际方向):电机上端→电感→VD_2→直流电源正极→直流电源负极→电机下端。电感储存的电能被电源吸收。

无论是在降压状态还是在升压状态,电感电流 i_L 都是波动的。在 i_L 的平均值较大时,电流尽管波动但可以保证方向不变,即 i_{Lmax} 和 i_{Lmin} 同时大于 0 或小于 0。但在电流平均值较小时,如果电流波动的幅度较大,就可能出现 i_{Lmax} 和 i_{Lmin} 符号不同的现象,此时在一个工作周期中电感电流的方向改变了两次,如图 7-4 所示。

在这种状态下的一个周期中,S_1、S_2、VD_1、VD_2 这 4 个开关器件是交替配合工作的,其控制规律如下:在电感电流 i_L 的上升阶段,为电子开关 S_1 加导通控制信号 u_{k1};在电感电流 i_L 的下降阶段,为电子开关 S_2 加导通控制信号 u_{k2}。由于电子开关实际上都是单向导电的全控型电力电子器件,对其施加开通驱动信号未必就能够导通,还必须要求电感电流的实际方向与电子开关的导通方向一致。因此可能出现两个电子开关都不导通的现象,在这种情况下电感电流就要通过两个二极管中的一个形成回路。下面分析一个开关周期中各阶段电路的工作情况。

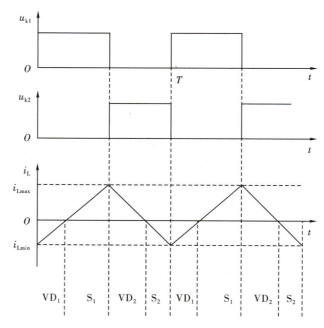

图 7-4 二象限直流斩波器驱动电路稳态波形

设两个电子开关的导通方向均是从上到下。在负载电流（也就是电感电流）为最小值即 $i_L = i_{Lmin}$ 时为 S_1 发开通驱动信号，但此时电感电流的方向为负，S_1 不能导通，电感电流只能通过二极管 VD_1 流向电源正极。负载电流从最小值上升，电感储存的能量传送到电源。当负载电流上升到 0 后，继续向正的方向上升，此时电感电流方向与 S_1 的导通方向一致，S_1 导通，电流由电源正极流出，向负载供电。

当负载电流增大到最大值后，为 S_2 发开通驱动信号，但此时电感电流的方向为正，与 S_2 的导通方向相反，S_2 不能导通。电流只有通过二极管 VD_2 形成回路，其导电路径为电感→电机→VD_2→电感。此阶段电源与负载没有能量交换。电感电流从最大值逐渐下降，下降到 0 后继续向负的方向增长，但此时电感电流的方向与 S_2 导通方向一致，S_2 导通，形成以下回路：电机→电感→S_2→电机。电机发出的电能被电感吸收储存。当电流下降到最小值时，一个工作周期结束。

由前面的分析可以看出，图 7-5 所示的调速系统负载电流的平均值可以为正，也可以为负。但是负载端的电压平均值的方向不能变化，即只能 $U_d \geq 0$。因为对于直流电机，电枢电流 I_d 与转矩 T 成正比，电枢旋转电动势 E 与转速 n 成正比，而一般情况下旋转电动势近似等于电枢两端的电压 U_d。这说明，这种电力拖动系统电机的转速不能反向，但其转矩可以反向，可以是电动转矩也可以是制动转矩。在描述机械特性的 T-n 平面上，本系统可以工作在第一象限和第二象限。在第一象限，电机处于电动状态，电源通过由 S_1、VD_2 组成的降压型斩波器向电机供给电能，转换成机械能。工作在第二象限时，电机处于发电状态，把由机械能转换成的电能输出给由 S_2、VD_1 组成的升压型斩波器，斩波器又将其传递给直流电源，形成再生制动。二象限直流斩波器的机械特性如图 7-5 所示。

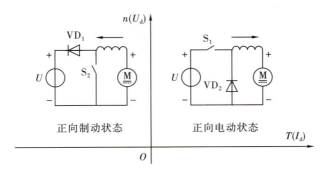

图 7-5 二象限直流斩波器的机械特性

3. 四象限直流斩波控制技术

四象限直流斩波器不需要借助于机械式接触器，通过电子控制可以实现正向的电动模式和反向的再生制动模式。

1) 四象限直流斩波器

图 7-6 所示为四象限直流斩波器驱动电路原理图。该电路由 4 个控制电力电子开关和 4 个二极管组成，在不同的控制信号作用下，可以组合成两种降压型斩波器和两种升压型斩波器，共 4 种电路形式。对于正向电动、正向制动、反向电动和反向制动这四种工况，各对应 4 种电路形式中的一种。可以看出，电路的拓扑结构为"H"型，所以这种电路又叫 H 桥型电路。

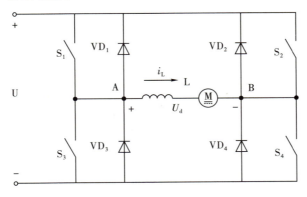

图 7-6 四象限直流斩波器驱动电路原理图

2) 四象限型直流斩波控制技术

从图 7-6 中可以看出，H 型结构的电路是对称的，但对于 4 个桥臂，控制信号是不对称的。通常通过 S_2、S_4 所在的桥臂控制电动机的正转和反转，因此这两个桥臂又称为方向臂。设负载端电压 U_d 的参考方向如图 7-6 所示，A 点为正，B 点为负。在电机的正转状态（无论电动还是制动），S_4 始终保持导通状态，S_2 始终保持断开状态。电路中 B 点与电源负极连接。不难看出，此时的等效电路与二象限斩波电路相同。

要想使电机反转，则应使 S_2 始终保持导通状态，S_4 始终保持断开状态，电路中 B 点与电源正极连接。此时电路也是一种二象限斩波电路，只是电源的极性反接。

如图 7-7 所示，在电机正转时，如果 S_3 保持断开，S_1 做周期性的通断，则 S_1 和 VD_3 组成降压型斩波器，负载电压始终为正，电感电流也始终保持正值。电源向负载输送能量。系统工作在机械特性的第一象限。

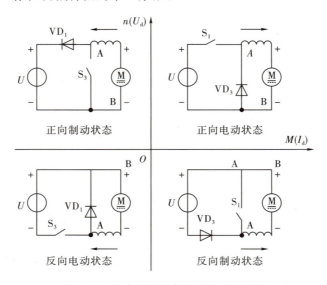

图 7-7　四象限直流斩波器的机械特性

电机正转时，若 S_1 保持截止，S_3 做周期性的通断，则 S_3 和 VD_1 组成升压型斩波电路，电机两端的电压仍为正，但电感电流方向为负，说明电机的转矩为负。此时电机的电枢相当于升压型斩波器的电源，向外供出能量，直流电源相当于升压型斩波器的负载，吸收能量。系统工作在第二象限。

反向电动状态是指电机端电压和电流均为负值，属于机械特性的第三象限。此时 S_2 导通而 S_4 断开，电路中 B 点与电源正极连接。左侧两个桥臂的工作状态为 S_1 保持断开，S_3 做周期性的通断，这与第二象限相同，但由于右侧桥臂的通断发生了变化，此时 S_3 和 VD_1 组成的是降压型斩波电路。尽管电压的方向变了，但电流从直流电源的正极流出而流入负载的正极，能量传递程仍然是由电源到负载，为反向电动状态。

第四象限为反向制动状态，反向必须是电机两端的电压为负，而制动则必须是电流与电压反向，电机向外输出能量。4 个电子开关的控制规则是，S_2 导通 S_4 断开，保证电路中 B 点与电源正极连接，S_3 保持断开，S_1 做周期性的通断。此时 S_1 和 VD_3 组成的是升压型斩波电路。

二、交流电机控制方式及原理

交流感应电驱动系统是一个多变量（多输入输出）系统，电驱动系统中的变量电压（电流）、频率、磁通及转速之间相互影响，所以其又是强耦合的多变量系统。如何对这样一个非线性、多变量、强耦合的复杂系统进行有效控制，成为交流感应电驱动系统的研究重点。将经典理论与现代控制理论相结合，已经开发出很多交流感应电驱动系统的控制策略和方法。

目前对交流感应电驱动系统的控制主要有转速控制、矢量控制以及直接转矩控制等，本次任务主要对交流感应电机的常见控制技术进行介绍。

1. 转速控制

由于感应电机的直轴和交轴的磁场相互耦合，导致它动态模型的高度非线性，使得感应电机的控制比直流电机要复杂得多。为了实现感应电机的高性能控制，许多新的控制方法被应用到交流感应电驱动系统中。其中较为成功的是变压变频控制、磁场定向控制（也称矢量控制或解耦控制）、变极控制等。感应电机转速控制的基本方程为

$$n = n_s(1-s) = \frac{60f}{P}(1-s) \tag{7-3}$$

式中 n ——转子速度；

n_s ——旋转磁场的同步速度；

s ——转差率；

P ——极对数；

f ——电源频率。

通过改变 f、P 和 s 来控制电机转速，一般采用控制多种变量的方法。高级的控制策略和复杂的控制算法如自适应控制、变结构控制和最优控制等已经得以使用，这些控制策略和算法可以很好地实现交流感应电驱动系统的快速响应、高效率和宽转速范围。

2. 变压变频控制

变频控制是恒压（通常额定电压）控制，频率大于电机额定频率；而变频变压控制是恒电压/频率比（简称压频比）的控制，频率低于电机额定频率。变压变频控制的感应电机驱动框图如图 7-8 所示。在交流电机调速系统中，变压变频控制系统调速性能最好，可与直流调速系统相媲美，因此它的应用范围最广。调速时，希望保持电机中每极磁通量 φ_m 为额定值不变，由 $E = 4.44f_1N_s\Phi_m$ 可知，须同时调节定子供电电源的电压和频率，使机械特性平滑地上下移动，并获得很高的运行效率。在调速时，转差功率（转子铜耗或电机的电阻功率损失）不随转速变化，调速范围宽，不论是高速还是低速时效率都较高。

· 123 ·

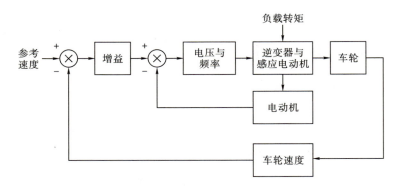

图7-8 变压变频控制的感应电机驱动框图

变压变频控制中,需要考虑基频(电机在额定扭矩时的频率)以下和基频以上两种情况。在基频以下调速时,要保持磁通不变,当频率从额定值向下降低时,必须同时降低电动势,即采用压频比(压频比＝基准电压/基准频率)为恒定值的控制方式,属于"恒转矩调速"。低频时,电压和反电动势的值都较小,由于电源电压和定子阻抗引起的电动势下降不能忽略,使得控制性能变差,并可能产生振荡和不稳定现象。可以使用辅助电压来补偿电动势的下降。在基频以上调速时,频率从额定值向上升高,但定子电压不可能超过额定电压,最多只能保持额定,这将迫使磁通随频率成反比地降低,相当于直流电机弱磁升速的情况,属于"恒功率调速"。

感应电机的转矩-速度特性如图7-9所示,可分为三段,第一段在电动机频率低于基频时,产生额定转矩,称为恒转矩区;在第二段,定子电压保持恒定,转差增加到最大值,电动机功率维持在额定值不变,称为恒功率区;在高速区,转差维持常数,而定子电流衰减,转矩以速度的二次方减少。因为变压变频控制方法具有气隙磁通偏移和延时响应等缺点,所以在高性能电动汽车的驱动中较少使用这种方法。

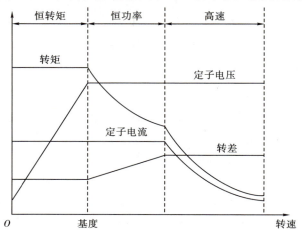

图7-9 感应电机转矩-速度特性

3. 矢量控制

现代感应电机多采用矢量控制系统。矢量控制的理论认为感应电机与直流电机的转矩具有相同的机理，即电机的转矩为磁场与其互相垂直的电流的积。感应电机的定子电流可以分解为产生磁场的电流分量和产生转矩的转矩电流，通过对电机定子电流的幅值和相位（即电流的"矢量"）进行控制，使之输出稳定的三相正弦波，即可达到控制感应电动机的目的。

矢量控制（磁场定向控制）实现了交流电机磁通和转矩的解耦控制，使交流传动系统的动态特性有了显著的改善，在提高电动汽车驱动器的动态性能方面，相对于变频调速控制，磁场定向控制得到了较多关注。交流感应电动机是一个多变量、强耦合、非线性的时变参数系统，很难直接通过外加信号准确控制电磁转矩。磁场定向控制方法以转子磁通这一旋转的空间矢量为参考坐标，从静止参照系（d-q 坐标）转换到如图 7-10 所示的同步旋转参照系（x-y 坐标）。

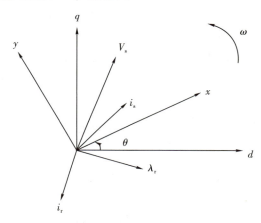

图 7-10　与转子磁链同步旋转的 x-y 坐标系

因此，在稳定状态下，所有的电机变量，如电源电压 V_s、定子电流 i_s、转子电流 i_r 和转子磁链 λ_r 都可以分解成两个垂直的直流变量，并分别进行控制。这样，通过坐标转换重建的电机模型就可以等效为一台直流电机，从而可像直流电机那样进行快速地转矩和磁通控制。当选定 x 轴与转子磁链矢量同步时，参考坐标系（α-β 坐标）变成与转子磁链同步旋转，如图 7-11 所示。

图中 $i_{s\alpha}$ 和 $i_{s\beta}$ 分别是 α 轴与 β 轴方向的转子电流。因此，电动机的转矩 T 可表示为

$$T = \frac{3P}{2} \times \frac{M}{L_r} \lambda_r i_{s\beta} \tag{7-4}$$

式中　M——绕组间的互感；

L_r——转子绕组的自感。

因为 λ_r 可以表示为 $Mi_{s\alpha}$，所示转矩方程可改写为

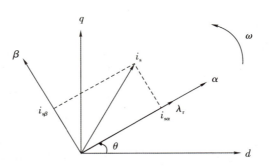

图 7-11 与转子磁链同步旋转的 α-β 坐标系

$$T = \frac{3P}{2} \times \frac{M^2}{L_r} i_{s\alpha} i_{s\beta} \tag{7-5}$$

此转矩方程与他励直流电机的转矩方程十分相似,即 $i_{s\alpha}$ 类似于励磁电流 i_f,$i_{s\beta}$ 类似于电枢电流 i_a。因此,可以认为 $i_{s\alpha}$ 是建立气隙磁通的励磁分量,$i_{s\beta}$ 是产生期望转矩的转矩分量。只要保持励磁分量不变,通过调整转矩分量,磁场定向控制方法就可以有效控制电动机的转矩。磁场定向的交流感应电动机可以提供类似于他励直流电动机的快速瞬态响应。感应电动机驱动的磁场定向控制框图如图 7-12 所示。

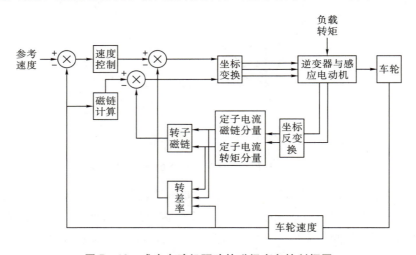

图 7-12 感应电动机驱动的磁场定向控制框图

为了实现上述磁场定向控制方法,转子磁链矢量必须与 α 轴保持一致。可以通过控制转差频率 ω_{slip} 来实现解耦:

$$\omega_{slip} = \frac{R_r i_{s\beta}}{L_r i_{s\alpha}} \tag{7-6}$$

式中,R_r 为转子绕组的电阻。

随着磁场定向控制技术的发展,出现了许多实现磁场定向控制的方法,这些方法可分为两类,即直接磁场定向控制和间接磁场定向控制。直接磁场定向控制需要直接测量转子磁场,这增加了执行的复杂性和低速时测量的不可靠性。因此,直接磁场定向控制很少用于电动汽车的驱动。与直接磁场定向控制不同,间接磁场定向控制通过计算确定转子磁场,而不是直接测量,这种方法相对于直接磁场定向控制更易于实现。因此,间接磁场定向控制在新能源汽车电驱动系统中具有很好的应用前景。

4. 自适应控制

虽然间接磁场定向控制已被广泛用于高性能的交流感应电驱动系统,但是应用于电动汽车仍然受到一些限制。特别是由于运行时温度变化和磁饱和的影响,转子时间常数 L_r/R_r(对解耦条件有很大影响)产生很大变化,使得磁场定向控制性能变差。一般来说,有两种方法可以解决这个问题:第一种方法是对转子时间常数执行在线辨识,并实时调整磁场定向控制器中的参数;另一种方法是采用复杂的控制算法,使磁场定向控制器不随电动机参数的变化而变化。

近年来,模型参考自适应控制(model reference adaptive control)算法已经应用于磁场定向控制的电动汽车交流感应电机驱动。其基本原理如下:首先,设计满足所期望动态性能的电机驱动参考模型,并使得该参考模型的设计为最优。然后,应用一种自适应机制来迫使电机的 L_r/R_r 发生变化时,仍能跟随参考模型的值。自适应机制的主要标准是确保参考模型的输出和交流感应电机驱动之间趋近零误差的鲁棒性。模型参考自适应控制的优点是,不需要对电机驱动控制输入的合成,进行精确的参数辨识或估计。事实上,只需要输入命令、受控电机驱动的输出和参考模型即可根据要求建立这一控制策略。

图 7-13 为电动汽车感应电机的模型参考自适应控制图。

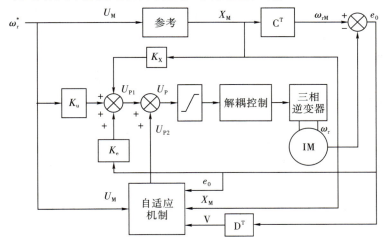

U_M—模型的输入;U_P—电机驱动控制的输入;X_M—参考模型的状态向量;
ω_r^*—期望的电机速度;ω_r—电机实际速度;ω_{rM}—参考电机模型的速度;
e_0—ω_{rM} 和 ω_r 的反馈误差信号;K_e、K_u 和 K_x—常量增益。

图 7-13 电动汽车感应电机的模型参考自适应控制

电动机驱动控制的输入信号由两部分组成：一部分是线性模型跟踪控制产生的常规输入 U_{P1}；另一部分是适应机制带来的适应输入 U_{P2}，公式分别如下：

$$U_P = U_{P1} + U_{P2} \tag{7-7}$$

$$U_{P1} = K_e e_0 + K_u U_M + K_x X_M \tag{7-8}$$

$$\Delta U_{P2} = \Delta K_e(\varepsilon, t) e_0 + \Delta K_u(\varepsilon, t) U_M + \Delta K_x(\varepsilon, t) X_M \tag{7-9}$$

式中，ΔK_e、ΔK_u、ΔK_x 为适应增益，是状态误差矢量 ε 的函数。为了确保 ε 在所有初始条件下都可以逐渐减少到零，采用下面的自适应 PI 算法。

$$\Delta K_e = \int_0^t M_1 v(R_1 e_0)^T \mathrm{d}t + M_2 v(R_2 e_0)^T \tag{7-10}$$

$$\Delta K_u = \int_0^t N_1 v(S_1 U_M)^T \mathrm{d}t + N_2 v(S_2 U_M)^T \tag{7-11}$$

$$\Delta K_x = \int_0^t L_1 v(Q_1 X_M)^T \mathrm{d}t + L_2 v(Q_2 X_M)^T \tag{7-12}$$

式中，v 为反馈补偿误差；M_1、M_2、N_1、N_2、L_1、L_2、R_1、R_2、S_1、S_2、Q_1、Q_2 为正常数。

5. 滑模控制

除了模型参考自适应控制方法，滑模控制也被用来确保电动汽车交流感应电机驱动的磁场定向控制。滑模控制方法具有反应速度快、对系统参数变化不敏感、设计简单和易于实现等优点。目前，已经有几种滑模控制方法应用到交流感应电驱动系统，这些方法都有一个共同的特点，即基于交流感应电机磁场定向控制的数学模型来分析与设计滑模控制器。不过，当系统参数有重大变化时，如由于长期运行而引起的 L_r/R_r 的改变，解耦条件可能会被破坏。因此，电机不能再用二阶模型来表示，应该用一种非线性五阶模型来描述，这意味着电机驱动的结构已经发生了变化。虽然滑模控制对电机驱动参数变化不敏感，但是其性能也受电机结构变化的影响。因此，交流感应电机如长时间在高温、磁场饱和情况下运行，会引起电机参数变化范围较大，如当 L_r/R_r 发生很大变化时，这些方法将不能很好地应用。

最近，提出了一种能应用于高温工作和高磁饱和条件下的新的滑模控制方法，不同于传统磁场定向控制中参考坐标系与转子磁链矢量坐标同步旋转，这种方法使坐标系与定子电流矢量同步旋转，如图 7-14 所示。

在 ε-η 坐标系下，电机产生的转矩可以表示为

$$T = \frac{3P}{2} \times \frac{M}{L_r} i_s \lambda_{r\eta} \tag{7-13}$$

式中，i_s 为定子电流；$\lambda_{r\eta}$ 为转子磁通沿 η 轴的分量。

定义 s_1 和 s_2 如下：

$$s_1 = i_s - i_s^* \tag{7-14}$$

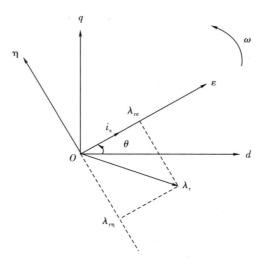

图 7-14 与定子电流同步旋转的 ε-η 坐标

$$s_2 = \lambda_{r\eta} - \lambda_{r\eta}^* \tag{7-15}$$

式中，*为相应量的参考值，可以看作系统运动在超平面($s_1=0$ 和 $s_2=0$)的横截面，并沿横截面保持滑动。相应的控制法，就是开关法则，能够获得一个沿横截面的稳定滑模运动，将定子电压矢量沿 ε 轴的分量和转差频率 ω_{slip} 切换到两个超平面：

当 $s_1 > 0$ 时，有 $u_{s\varepsilon} < -(c_1 i_s + c_2 \lambda_{r\varepsilon} + c_3 \omega_r \lambda_{r\eta}) - \delta$ \qquad (7-16)

当 $s_1 < 0$ 时，有 $u_{s\varepsilon} > -(c_1 i_s + c_2 \lambda_{r\varepsilon} + c_3 \omega_r \lambda_{r\eta}) + \delta$ \qquad (7-17)

当 $\lambda_{r\varepsilon} s_2 > 0$ 时，有 $\omega_{slip} > -\dfrac{R_r \lambda_{r\eta}}{L_r \lambda_{r\varepsilon}} + \delta$ \qquad (7-18)

当 $\lambda_{r\varepsilon} s_2 < 0$ 时，有 $\omega_{slip} < -\dfrac{R_r \lambda_{r\eta}}{L_r \lambda_{r\varepsilon}} - \delta$ \qquad (7-19)

式中，δ 为任意小的正数。

常量 c_1、c_2 和 c_3 由以下各式给出：

$$c_1 = -R_s - \frac{R_r M^2}{L_r^2} \tag{7-20}$$

$$c_2 = \frac{R_r M}{L_r^2} \tag{7-21}$$

$$c_3 = \frac{M}{L_r} \tag{7-22}$$

电动汽车交流感应电机驱动系统的滑模控制框图如图 7-15 所示。

只要 $u_{s\varepsilon}$ 和 ω_{slip} 确定，定子电压矢量 $u_{s\eta}$ 的 η 轴分量，可以通过系统方程很容易地推导出来。上述控制方法具有两个重要特点：首先，沿着两个转换超平面($s_1=0$ 和 $s_2=0$)的滑模运动是通过两个超平面上的独立的滑模运动实现的。因此，转矩的两个分量 i_s 和

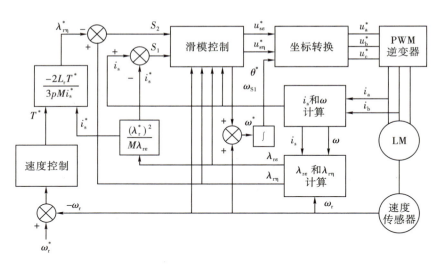

图 7-15 电动汽车交流感应电机驱动系统的滑模控制框图

$\lambda_{r\eta}$ 被解耦。其次，因为滑模控制本质是基于不等式基础上的，即使电机参数随工作温度和磁饱和程度变化，解耦条件也不会被破坏。因此，基于滑模控制独特的优点，即对系统参数变化不敏感，完全可以保证系统的强鲁棒性。

6. 效率优化控制

交流感应电机驱动中使用传统的磁场定向控制时，在恒转矩区，不同负载下的励磁分量电流一般保持不变，对于大多数运行条件，相应的铁损与铜损相比是很小的。因此，传统的磁场定向控制的好处是，能提供最大的单位安培转矩。但轻载运行时，铁损和铜损相当，会使效率很低。电动汽车在运行过程中，由于车载能量有限、负载和速度变化范围大，电动汽车电机驱动系统的效率应在整个运行区优化。

图 7-16 为电动汽车交流感应电机驱动的效率优化磁场定向控制框图。

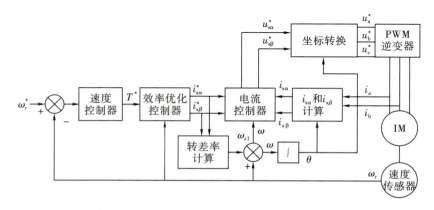

图 7-16 电动汽车交流感应电机驱动的效率优化磁场定向控制框图

任务七

驱动电机控制方式与原理

根据基于磁场定向控制的感应电机驱动的等效电路，电机的总损耗可以表示为

$$P_{loss} = (R_s + R'_r)\frac{TA}{pM'} + (R_s + R'_m)\frac{T}{pM'A} + \frac{2R_m R_s}{\omega M}\frac{T}{pM'} + P_m \qquad (7-23)$$

式中　　p ——极对数；

$\quad\quad R_s$ ——定子电阻；

$\quad\quad R_r$ ——转子电阻；

$\quad\quad R_m$ ——铁损等效电阻；

$\quad\quad M$ ——互感；

$\quad\quad \omega$ ——电源角频率；

$\quad\quad T$ ——电动机转矩；

$\quad\quad P_m$ ——机械损耗；

$\quad\quad A$ ——转矩分量定子电流 $i_{s\beta}$ 和磁场分量定子电流 $i_{s\alpha}$ 的比值。

其中，$\alpha = M/L_r$；$M' = \alpha M$；$R'_r = \alpha R_m$。

在给定的转矩 T 和角频率 ω 下，要使损耗最小，应使 P_{loss} 对 A 的微分等于 0，即 $\mathrm{d}P_{loss}/\mathrm{d}A = 0$，就可以得到最佳效率的条件：

$$A = \frac{R_s + R'_m}{\sqrt{R'_s + R'_r}} \qquad (7-24)$$

因此，$i_{s\beta}$ 和 $i_{s\alpha}$ 用于磁场定向控制效率优化的给定值可以表示为

$$i'_{s\alpha} = \sqrt{T^* / (3pM'A)} \qquad (7-25)$$

$$i'_{s\beta} = T^* / (3pM'i^*_{s\alpha}) \qquad (7-26)$$

应当指出的是，R_s 是随着温度变化的，R_m 受频率的影响，α 随磁饱和程度变化。因此，优化率 A 需要不断更新。

将磁场定向控制和效率优化磁场定向控制在电动汽车启动中的应用相比较，能够使驱动系统的效率提高约 17％；以 64 km/h 的速度匀速行驶，续航里程能增加 26％。根据相关资料介绍，电动汽车的综合行驶里程可以提高 14％以上。

7. 变极控制

通过改变感应电机的极对数可以改变同步速度，笼型交流感应电机与绕线转子交流感应电机相比，有限的优势在于，它可以自动调整转子相对于定子的极对数。在早期，这种变极控制是由机械接触器来实现的，而且只可以实现两个或三个不连续的速度。随着电力电子和控制技术的发展，变极控制可以通过电子控制方式来实现，其基本原理如图 7-17 所示。每个定子绕组由两个线圈组成，这些线圈中电流方向的改变引起极对数的变化。

图 7-18 为电动汽车交流感应电机双逆变器变极控制，它可以同时提供 4 极和 8 极运行，相应的最大转矩特性如图 7-19 所示。因此，高速恒功率区得以延伸，特别适合

· 131 ·

于电动汽车巡航。

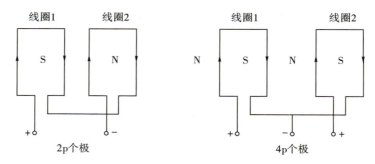

图 7-17 变极控制原理

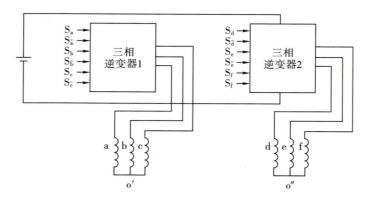

图 7-18 电动汽车交流感应电机双逆变器变极控制

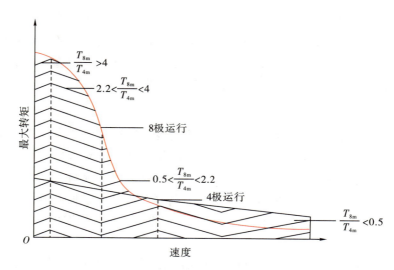

图 7-19 电动汽车变极交流感应电机的最大转矩特性

三、永磁同步电机控制方式及原理

1. 恒压频比开环控制

恒压频比控制是指在改变变频器频率的同时也改变电压的大小，使它们的比值保持恒定，进而使电机的磁通保持不变，实现电机在较大范围内的调速要求。

恒压频比开环控制的控制变量为电机的外部变量即电压和频率。控制系统将参考电压和频率输入到实现控制策略的调制器中，最后由逆变器产生一个交变的正弦电压施加在电机的定子绕组上，使之运行在指定的电压和参考频率下。按照这种控制策略进行控制，使供电电压的基波幅值随着速度指令成比例地线性增长，从而保持定子磁通的近似恒定。

恒压频比开环控制策略简单，易于实现，转速通过电源频率进行控制，不存在异步电机的转差和转差补偿问题。但同时，由于系统中不引入速度、位置等反馈信号，因此无法实时捕捉电机状态，致使无法精确控制电磁转矩；在突加负载或者速度指令时，容易发生失步现象；也没有快速的动态响应特性。因此，恒压频比开环控制，只是控制电机磁通而没有控制电机的转矩，控制性能差，通常只用于对调速性能要求一般的通用变频器上。

用恒压频比控制的方法来实现精确的调速要求，依赖于电机的稳态模型，但是永磁同步电机是一个多变量、强耦合的非线性系统，并且在运行过程中它的参数也在不断改变，因此用恒压频比来控制永磁同步电机结果不太理想。

2. 矢量控制

矢量控制理论是由德国教授 F. Blaschke 于 1971 年提出来的。矢量控制策略的基本思想是以转子磁链旋转空间矢量为参考坐标，将定子电流分解为相互正交的两个分量，一个与磁链同方向，代表定子电流励磁分量，另一个与磁链方向正交，代表定子电流转矩分量，分别对其进行控制，获得与直流电机一样良好的动态特性。用这种控制策略来控制电机时，电机的动态性能较好，调速范围宽、控制精度相对也比较理想，是目前应用较多的基本控制策略。

永磁同步电机矢量控制策略与异步电机矢量控制策略有些不同。由于永磁同步电机转速和电源频率严格同步，其转子转速等于旋转磁场转速，转差恒等于零，没有转差功率，控制效果受转子参数影响小。因此，在永磁同步电机上更容易实现矢量控制。

由于永磁同步电机输出电磁转矩对应多个不同的交轴、直轴电流组合，不同组合对应着不同的系统效率、功率因素以及转矩输出能力，因此永磁同步电机有不同的电流控制策略。

1）磁场定向控制

磁场定向控制也称为 $i_d = 0$ 控制。目前，在永磁同步电机伺服系统中，$i_d = 0$ 矢量

新能源汽车驱动电机及**控制技术**

控制是主要的控制方式。通过检测转子磁极空间位置 d 轴,控制逆变器功率开关器件导通与关断,使定子合成电流位于 q 轴,此时 d 轴定子电流分量为零,永磁同步电机电磁转矩正比于转矩电流,即正比于定子电流幅值,只需控制定子电流大小就可以很好地控制永磁同步电机的输出电磁转矩。

这种控制方法因为直轴上没有电流,所以直轴上也没有电枢反应,不会使永磁同步电机的永磁体退磁。电机所有电流都用来产生电磁转矩,电流控制效率高。

2) 最大转矩控制

最大转矩控制包括最大转矩电流比控制和最大转矩磁链比控制(最大转矩电动势比控制),最大转矩电流比控制是在产生同样大的转矩时让电流最小,这样电机的铜损就较低,对逆变器容量的要求也较小。当负载增加的时候,电机端的电压也增加,这时功率因数就会下降。最大转矩磁链比控制是要在产生同样转矩时让电机磁链最小,这样就能够降低铁损。

最大转矩控制实质是求电流极值问题,可以通过建立辅助方程,采用牛顿迭代法求解。但是,计算量较大,在实际应用中系统实时性无法满足,只有通过离线计算出不同电磁转矩对应的交轴、直轴电流,以表的形式存放于数字信号处理器中,实际运行时根据负载情况查表求得对应的 i_d(电枢电流在 d 轴的分量)、i_q(电枢电流在 q 轴的分量)进行控制。

3) 弱磁控制

永磁同步电机弱磁控制思想来自他励直流电机调磁控制。对于他励直流电机,当其电枢端电压达到最高电压时,为使电动机能运行于更高转速,采取降低电动机励磁电流的方法,以平衡电压。在永磁同步电机电压达到逆变器所能输出的电压极限后,要想继续提高其转速,也要采取弱磁增速的办法。

永磁同步电机励磁磁动势由永磁体产生,无法像他励直流电机那样通过调节励磁电流来实现弱磁。传统方法是通过调节定子电流的 i_d 和 i_q,增加定子直轴去磁电流分量实现弱磁升速。为保证电动机电枢电流幅值不超过极限值,转矩电流分量 i_q 应随之减小,因此这种弱磁控制过程本质上就是在保持电动机端电压不变的情况下减小输出转矩的过程。永磁同步电机直轴电枢反应比较微弱,因此需要较大的去磁电流才能起到去磁增速的作用。当电动机在额定电流情况下工作,去磁电流的增加有限,因此采用这种方法所能得到的弱磁增速范围也是有限的。

4) $\cos\varphi=1$ 控制

永磁同步电机的三相静止坐标如图 7-20 所示,其中 i_a、i_b、i_c 相位角度差为 $120°$,它们合成的磁动势 I 同样在空间上呈正弦分布并且按照电机的同步转速 ω 进行旋转。

在忽略铁损时,在 $d-q$ 坐标系下:

$$i_d = -i_a \sin\beta$$
$$i_q = i_a \cos\beta$$

(7-27)

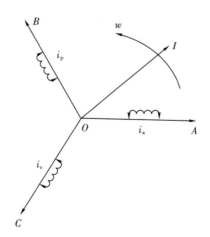

图 7-20 永磁同步电机三相静止坐标

稳态时，$i_a=\sqrt{3}i_\varphi$（i_φ 为相电流有效值）。

$$u_d=-U_a\sin a$$
$$u_q=U_a\cos\delta \qquad (7-28)$$

稳态时，$U_a=U_1$（U_1 为线电压的有效值）。

功率因数：

$$\cos\varphi=\cos(a-\beta) \qquad (7-29)$$

控制过程中如果保持 $a=\beta$，则功率因数 $\cos\varphi=1$，这种控制方法可以充分地利用逆变器的容量，缺点是电磁转矩小。

5）最大效率控制

最大效率控制是在任意大的负载状态（任意转速、转矩），控制驱动电流使电机的铜损和铁损一样大，此时电机的效率达到最大。这种控制方法即使输出转矩为零时，电流也较大，该电流的主要成分是 i_d，通过负向的电流 i_d 使电机的整体损耗降低。但这种控制方法在实际控制中较为复杂。

图 7-21 是某电动汽车用永磁同步电机矢量控制系统框图。从图可知，通过分别比较控制永磁同步电机的电流实际值 i_d 和 i_q 与给定值 i_d^* 和 i_q^*，实现其转速和转矩控制。并且 i_d 和 i_q 独立控制，便于实现各种先进的控制策略。

根据永磁同步电机的具体应用的要求不同，可以采用的控制方法主要有 $i_d=0$ 控制、$\cos\varphi=1$ 控制、恒磁链控制、最大转矩控制、弱磁控制、最大输出功率控制等。当电动汽车正常行驶时，电动机转速处于基速以下运行，在定子电流给定的情况下，$i_d=0$ 的电磁转矩 $T_e=P_n\psi_f i_q$（式中 P_n 为电机磁极对数；ψ_f 为永磁体产生的磁链），这样只要控制 i_q 的大小就能控制转速和转矩，实现矢量控制；当电动机转速在基速以上时，由于永磁体的励磁磁链为常数，电动机感应电动势随着电动机转速成正比增加，电动机感应电压也

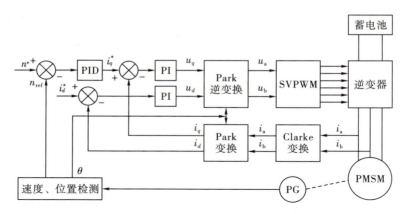

图 7-21 永磁同步电机矢量控制系统框图

跟随提高,但是电动机相电压和相电流的有效值的极限值受到与电动机端相连的逆变器的直流侧电压和逆变器的最大输出电流的限制,所以必须进行弱磁升速。通过控制 i_d 来控制磁链,通过控制 i_q 来控制转速,实现矢量控制。在实际控制中,i_d、i_q 不能直接被检测,所以必须通过实时检测到的三相电流和电动机转子位置经坐标变换得到。

但矢量控制本身也存在一定的缺陷:

(1) 转子磁链的准确观测存在一定的难度,转子磁链的计算对电动机的参数有较强的依赖性,因此对参数变化较为敏感。为了克服这一问题,出现了多种参数辨识方法,但这些方法进一步增加了系统的复杂性。

(2) 由于需要进行解耦运算,采用了矢量旋转变换,系统计算比较复杂。

但是,永磁同步电机矢量控制系统能实现高精度、高动态响应性能和大范围的调速或伺服控制。随着工业领域对高性能伺服系统需求的不断增加,尤其是数控、机器人等方面技术的发展,永磁同步电机矢量控制系统作为一种相对比较成熟的控制策略具有广阔的应用前景。

3. 直接转矩控制

直接转矩控制是 20 世纪 80 年代德国教授德彭布罗克(Depenbrock)提出来的。直接转矩控制是把转矩和磁链作为控制的目标量,保持电机定子磁链幅值恒定,通过改变转矩角以达到对转矩控制的目的,因为电机的转速是由转矩决定的,所以当电机的转矩改变时电机的转速也随之改变。

永磁同步电机直接转矩控制系统的原理结构如图 7-22 所示。实际系统中,开关信号是由转矩和定子磁链的给定值与反馈值的偏差经滞环比较得到的。而转矩和定子磁链的给定值是由电磁转矩和定子磁链估算模型计算得到的。

直接转矩控制不需要传统矢量控制里复杂的旋转坐标变换和转子磁链定向,转矩取代电流成为受控对象,电压矢量则是控制系统唯一的输入,直接控制转矩和磁链的

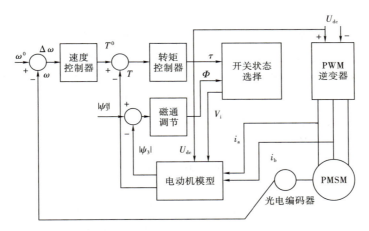

图 7-22 永磁同步电机直接转矩控制系统原理结构

增加或减小,但是转矩和磁链并不解耦,对电机模型进行简化处理,没有脉冲宽度调制(pulse width modulation,PWM)信号发生器,控制结构简单,受电机参数变化影响小,能够获得极佳的动态性能。

4. 智能控制

智能控制是指机器在无人工干预的情况下自主实现对目标控制的一种自动控制技术。智能控制主要针对控制对象及其工作环境的不确定性和复杂性发展而来。随着对智能控制技术的不断深入研究,同时也为了提高永磁同步电机的控制性能和控制精度,像模糊控制、神经网络控制、专家控制等新型智能控制技术开始应用于永磁同步电机的控制。

1) 神经网络控制

神经网络控制是神经网络理论与控制理论相结合而产生的一门新兴学科,是自动控制理论的前沿学科之一。人工神经网络是通过加权了的神经元连接而成的系统,这个系统具有强大的容错能力和良好的自学习、自适应能力。通过神经网络可以对复杂的非线性控制对象进行建模。这种控制方法对硬件的要求高,计算量大且复杂,在实际的运用中还有很多困难需要克服。

2) 模糊控制

为了能够对一些复杂且难以精确描述的系统进行有效的控制,1974 年 L. A. Zadeh 就提出了模糊控制理论。它是一种模仿人类思维模糊性的控制技术。模糊控制理论由精确量的模糊化、知识库、逻辑判断和去模糊化这四部分组成。模糊控制理论实际上是一种非线性的自适应控制技术,可以对描述不精确的系统进行有效的控制。但设计模糊控制器缺乏系统性,模糊规则的确定要完全凭经验来制定,这些限制了模糊控制在实际中的运用。

3) 专家控制

专家控制是将专家系统的理论知识和技术同控制理论、方法与技术相结合，在未知环境下，仿效专家的经验，实现对系统的控制。它是在传统的控制基础上加入一个富有经验的"工程师"来实现控制的功能，这个"工程师"是由知识库和推理机构两部分组成，通过对控制领域知识（先前经验、动态信息、目标等）的获取和组织，按照某种原则和规则进行推理输出，实现对被控对象的控制。

采用智能控制方法的永磁同步电机控制系统，在多环控制结构中，智能控制器处于最外环充当速度控制器，而内环电流控制、转矩控制仍采用 PI 控制、直接转矩控制这些方法。这主要是因为外环是决定系统的根本因素，而内环主要的作用是改造对象特性以利于外环的控制。各种扰动给内环带来的误差可以由外环控制或抑制。

在永磁同步电机系统中应用智能控制时，也不能完全摒弃传统的控制方法，必须将两者很好地结合起来，才能彼此取长补短，使系统的性能达到最优。

四、开关磁阻电机控制方式及原理

开关磁阻电机不同于常规的感应电机，因其自身结构的特殊性，开关磁阻电机不具有能量回收的功能。在控制策略的应用选择方面，既可以通过控制电机自身的参数（如开通角 θ_{on}/关断角 θ_{off}）来实现，也可用其他电机适用的控制理论，如 PID 控制、模糊控制等，对功率变换器部分进行控制，进而实现对电机的速度调节。

针对开关磁阻电机的自身参数进行控制，目前使用的控制方法主要有角度位置控制（angle position control，APC）、电流斩波控制（current chopping control，CCC）和电压控制（voltage control，VC）。

1. 角度位置控制

角度位置控制是指在电机绕组电压一定的情况下，通过改变电机绕组上主开关的开通角 θ_{on} 和关断角 θ_{off}，来改变电机绕组的通电、断电时刻，调节相电流的波形，实现电机转速的闭环控制。图 7-23 所示为角度位置控制下相绕组电感与转子位置的关系，其中横坐标是转子位置角 θ，纵坐标是相绕组电感 L。

1) 角度位置控制的实现方式

开通角 θ_{on} 和关断角 θ_{off} 都可以进行调节，因此角度位置控制可分为变开通角、变关断角和同时改变开通角及关断角三种方式。

改变开通角可以改变电流波形的宽度、峰值和有效值的大小，还可以改变电流波形与电感波形的相对位置，从而改变了电机的转矩和转速。

变关断角一般不影响电流的峰值，但可改变电流波形的宽度及其与电感曲线的相对位置，进而改变电流的有效值。因此关断角同样对电机的转矩产生影响，只是其影响程度没有开通角那样大。

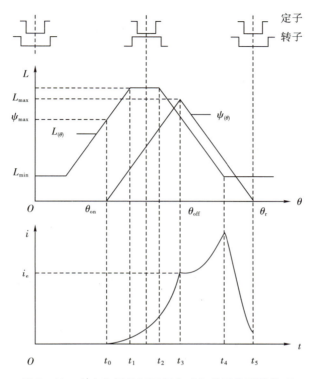

图 7-23　角度位置控制下相电感与转子位置的关系

一般情况下，在具体实现过程中采用固定关断角，改变开通角的控制模式。与此同时，固定关断角的选取也很重要，需要保证绕组电感开始下降，相绕组电流尽快衰减到零。对应于每个由转速与转矩确定的运行点，开通角与关断角会有多种组合，因此选择的过程中要考虑电磁功率、效率、转矩脉动及电流有效值等运行指标，来确定相应的最优控制的角度。在本系统的控制中，要遵循一个原则，即在电机制动运行时，应使电流波形位于电感波形的下降段；而在电机电动运行时，应使电流波形的主要部分位于电感波形的上升段。

2) 角度位置控制的特点

① 可允许多相同时通电，以增加电机的输出转矩，同时减小了转矩波动。

② 通过角度的优化，可实现效率最优控制或转矩最优控制。

③ 在角度控制中，电流峰值主要由旋转电动势限制，当转速较低时，旋转电动势小，可使电流峰值超过允许值，需要添加另外的限流措施。因此当电机处于高转速时，角度控制可起作用；但当电机处于低转速时，角度控制一般是不适用的。

3) 角度位置控制的适用条件

根据电动势平衡方程式 $U_k = R_k i_k + (d\psi/dt)$（式中，$U_k$ 表示第 k 相的端电压；i_k 表示第 k 相的电流；R_k 表示第 k 相的电阻；ψ 表示磁链。）可知，当电机转速较高时，旋转电动势较大,则此时电流上升率下降,各相主开关器件的导通时间较短,电机绕组的相电流不易上升,电流相对较小,便于使用角度位置控制方式。

2. 电流斩波控制

根据电动势平衡方程式可知,电机低速运行特别是启动时,旋转电动势引起的压降很小,相电流上升快,为避免过大的电流脉冲对功率开关器件及电机造成损坏,需要对电流峰值进行限定,因此可采用电流的斩波控制,获取恒转矩的机械特性。电流斩波控制一般不会对开通角、关断角进行控制,它将直接选择在每相的特定导通位置对电流进行斩波控制。

1) 电流斩波控制的实现方式

目前电流斩波控制常用的实现方式有两种:限制电流上下幅值的控制、限制电流上限值和恒定关断时间的控制。

(1) 限制电流上下幅值。

限制电流上下幅值的控制,是指在一个控制周期内,给定电流最大值和最小值,使相电流与设定的上下限值进行比较,当大于设定最大值时则控制该相功率开关元件关断,而当相电流降低到设定最小值时,功率开关管重新开通,如此反复,其斩波的波形如图7-24所示。这种方式,由于一个周期内电感变化率不同,因此斩波频率疏密不均,在电感变化率大的区间,电流上升快,斩波频率一般很高,开关损耗大,好处是转矩脉动小。

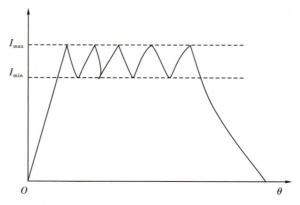

图7-24 设定电流上下幅值的电流斩波

(2) 限制电流上限值和恒定关断时间。

该控制方法与限制电流上下幅值的区别在于:当相电流大于电流斩波上限值时,就将功率开关元件关断一段固定的时间再开通。重新导通的触发条件不是电流的下限而是定时,在每一个控制周期内,关断时间恒定,但电流下降多少取决于绕组电感量、电感变化率、转速等因素,因此电流下限并不一致。关断时间过长,相电流脉动大,易发生"过斩";关断时间过短,斩波频率又会较高,功率开关元件损耗增大。应该根据电机运行的不同状况来选择关断时间。

2）电流斩波控制的特点

与角度位置控制方式下电流的不可控相比，电流斩波控制方式是直接对电流实施控制，通过适当误差带的设置，可以获得较为精确的控制效果。因此，电流斩波控制方式同样具有简单直接、可控性好的特点，也避免了角度位置控制方式中的问题。同时它还具有较小的开关损耗，是比较常用的控制方式。只是，在这种控制下，电流的斩波频率不固定，会随着电流误差的变化而变化，不利于电磁噪声的消除。

除了以上优缺点以外，电流斩波控制还具有以下特点：

（1）适用于低速和制动运行的电机。

在低速运行时，电机绕组中旋转电动势小，电流增长快。在制动运行时，旋转电动势的方向与绕组端电压方向相同，电流比低速运转时增长更快。在低速和制动运行这两种工况下，采用电流斩波控制方式正好能限制电流峰值的增长，并起到良好、有效的保护和调节作用。

（2）转矩平稳。

电流斩波时，电流波形呈较宽的平顶状，产生的转矩也较平稳。合成转矩脉动明显比其他控制方式小。

（3）适用于转矩调节系统。

当斩波周期较小，并忽略相导通和相关断时电流建立和消失的过程时，绕组电流波形近似为平顶方波。平顶方波的幅值对应电机转矩，转矩值基本不受其他因素的影响，可见电流斩波控制方式适用于转矩调节系统，如恒转矩控制系统。

（4）系统在负载扰动下的动态响应很缓慢。

由于电流的峰值受到了限制，当电机转速在负载的扰动作用下发生变化时，电流的峰值无法做出相应的改变，因此系统在负载扰动下的动态响应很缓慢。

3）电流斩波控制的适用条件

电流斩波控制适用于低速和制动运行时，可限制电流峰值的增长，并起到良好有效的调节作用，而且转矩也比较平稳，电机转矩脉动一般也比采用其他控制方式要明显减小。

3. 电压控制

电压控制是指在保持开通角、关断角不变的前提下，使功率开关器件工作在脉冲宽度调制（pulse width modulation，PWM）方式。通过调节 PWM 波的占空比，来调整加在绕组两端电压的平均值，进而改变绕组电流的大小，实现对转速的调节。若增大调制脉冲的频率，就会使电流的波形比较平滑，电机转矩增大，噪声减小，但对功率开关器件工作频率的要求就会增大。

1）电流斩波控制的实现方式

按照续流方式的不同，电压控制分为单管斩波和双管斩波方式。单管斩波方式中，连接在每相绕组中上桥臂、下桥臂的两个开关管只有一个处于斩波状态，另一个始终导通。而双管斩波方式中，两个开关管同时导通和关断，对电压进行斩波控制。考虑到系统效率等因素，实际应用中一般常用单管斩波方式。

2）电压控制的特点

电压控制具有抗负载扰动动态响应快的优点，但其低速运行时转矩脉动较大。电压控制通过调节绕组电压的平均值进而调节电流，因此可用在低速和高速系统，且控制简单，但它的调速范围有限。

在实际的开关磁阻电机运行中，也可以采用多种控制方式组合的方法，如高速角度控制和低速电流斩波控制组合，变角度电压斩波控制和定角度电压斩波控制等。这些组合方式各有优劣，因此必须针对不同的应用场合和不同的性能要求，合理地选择控制方式，才能使电机运行于最佳状态。

3）电压控制的适用条件

电压控制方式是通过 PWM 方式调节电机绕组电压平均值，进而调节和限制过大的绕组电流，既能用于电机高速运行，又适合于电机低速运转。

4. 基于 DSP 的开关磁阻电机控制

1）DSP 的概念与应用

DSP 的全称为 digital signal process，即数字信号处理技术，简单地说，数字信号处理就是用数值计算的方式对信号进行加工的理论和技术。DSP 芯片是专门为数字信号处理应用而设计的高速芯片，解决了原来的处理器结构复杂、单片机微机速度达不到实时系统要求的问题。DSP 芯片如图 7-25 所示。

图 7-25　DSP 芯片

DSP 芯片自诞生以来，获得飞速发展。DSP 芯片高速发展，一方面得益于集成电路的发展，另一方面也得益于巨大的市场。在短短的十多年时间，DSP 芯片已经在信号处理、通信、雷达等许多领域得到广泛的应用。DSP 芯片的应用主要包括：

(1)信号处理。如数字滤波、自适应滤波、快速傅里叶变换、相关运算、频谱分析、卷积等。

(2)通信。如调制解调器、自适应均衡、数据加密、数据压缩、回坡抵消、多路复用、传真、扩频通信、纠错编码、波形产生等。

(3)语音。如语音编码、语音合成、语音识别、语音增强、说话人辨认、说话人确认、语音邮件、语音储存等。

(4)图像、图形。如二维和三维图形处理、图像压缩与传输、图像增强、动画、机器人视觉等。

(5)军事。如保密通信、雷达处理、声纳处理、导航等。

(6)仪器仪表。如频谱分析、函数发生、锁相环、地震处理等。

(7)自动控制。如引擎控制、深空、自动驾驶、机器人控制、磁盘控制。

(8)医疗。如助听、超声设备、诊断工具、病人监护等。

2)DSP 控制器在开关磁阻电机控制系统中的应用

DSP 控制器的出现为全数字控制提供了可靠的保证，而开关磁阻电机系统的位置闭环控制、各相轮流导通的特殊运行方式特别适合采用直接数字控制。一方面，采用直接数字控制可以简化硬件电路，提高系统的可靠性；另一方面，开关磁阻电机很难建立准确的数字模型，采用直接数字控制便于控制模式的切换和引入现代控制理论与方法，完善信息显示、故障诊断、保护等功能，实现通用化、标准化和智能化。

TMS320LF2407 DSP 是 TMS320x24x 系列 DSP 控制器中面向高性能、高精度应用的产品。基于 TMS320LF2407 DSP 的开关磁阻电机控制系统硬件如图 7-26 所示。在本系统中，DSP 负责判断转子位置信息，实时计算转速，并综合各种保护信号和给定信息以及转速情况给出通断信号，实现数字 PI 调节并产生定频调宽的 PWM 信号作为功率的驱动信号。

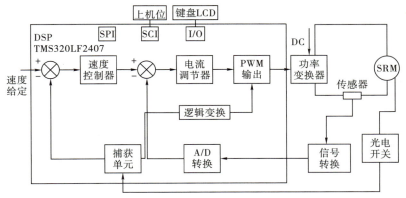

图 7-26 基于 TMS320LF2407DSP 的开关磁阻电机控制系统硬件

新能源汽车驱动电机及**控制技术**

思政扩展

发展电动汽车产业，是降低我国环境污染的有效途径

电动汽车在本质上是一种零排放汽车，一般无直接排放污染物，间接的污染物主要产生于发电环节以及电池废弃物。如果从发电环节来看，风能、水能、核能的大力发展均可以给我们带来可观的清洁能源。目前随着电池废弃物回收技术的日益成熟，逐渐开发出了污染低、安全性高的新型蓄电池。相关资料显示，电动汽车与同类燃油汽车相比，噪声低5分贝以上，所以大规模推广电动汽车也有利于城市噪声污染的治理。

我国石油资源有限，需要大量进口，电动汽车能大幅度节约石油资源。

我国对石油需求增长量占全球需求增长量的41%，新增石油需求2/3用于交通运输业，而进口的原油30%被汽车消耗，机动车消耗的石油量占总量的85%。电动汽车由电力驱动，电能可来自于火力发电及大量可再生能源发电，我国对可再生能源的开发利用也在逐年增加。所以使用电动车辆对减少石油资源消耗具有重要意义。

学习小结

1. 直流电机控制方式及原理

1）单象限型直流斩波控制技术

单象限型直流斩波器适用于电动模式，能量从能量源流向负载。

2）二象限型直流斩波控制技术

二象限型直流斩波器适用于再生制动模式，能量从负载流向电源。二象限型直流斩波器非常适用于电动汽车驱动和再生制动。

3）四象限型直流斩波控制技术

四象限型直流斩波控制器不需要借助于机械式接触器，通过电子控制可以实现正向的电动模式和反向的再生制动模式。

2. 交流电动机控制方式及原理

①转速控制；

②变压变频控制；

③矢量控制；

④自适应控制；

⑤滑模控制；

⑥效率优化控制；

⑦变极控制。

3. 永磁同步电动机控制方式及原理

①恒压频比开环控制；

②矢量控制（磁场定向控制、最大转矩控制、弱磁控制、$\cos\Phi=1$ 控制、最大效率控制）；

③直接转矩控制；

④智能控制（神经网络控制、模糊控制、专家控制）。

4. 开关磁阻电动机控制方式及原理

①角度位置控制（APC）；

②电流斩波控制（CCC）；

③电压控制（VC）；

④基于 DSP 的开关磁阻电机控制。

新能源汽车驱动电机及控制技术

课后习题

1. 判断题

(1)永磁同步电机转速控制策略不能通过改变电源频率来控制电机转速。（　　）

(2)频变压控制是恒电压/频率比(简称压频比)的控制,频率高于电机额定频率。
（　　）

(3)滑模控制本质是基于不等式基础上的,即使电机参数随工作温度和磁饱和程度变化,解耦条件也不会被破坏。（　　）

(4)永磁同步电机是一个多变量、强耦合的非线性系统,并且在运行过程中它的参数也在不断地改变,因此用恒压频比来控制永磁同步电机效果最理想。（　　）

(5)开关磁阻电机的控制系统非常简单。（　　）

2. 单选题

(1)(　　)实现了交流电机磁通和转矩的解耦控制,使交流传动系统的动态特性有了显著的改善。

A. 矢量控制　　　B. 自适应控制　　　C. 效率优化控制　　　D. 变极控制

(2)早期的变极控制是由(　　)来实现的,而且只可以实现两个或三个不连续的速度。

A. 机械接触器　　B. 电子控制　　　C. 斩波控制　　　D. 矢量控制

(3)恒压频比开环控制的控制变量为电机的外部变量即_____和_____。（　　）

A. 电压、频率　　B. 电流、电压　　C. 电流、频率　　D. 转差、频率

(4)目前应用较多的基本控制策略是(　　)。

A. 恒压频比开环控制　　　　　　　B. 智能控制

C. 矢量控制　　　　　　　　　　　D. 直接转矩控制

(5)智能控制是指机器在无人工干预的情况下自主地实现对目标控制的一种自动控制技术,以下不属于智能控制的是(　　)。

A. 神经网络控制　　B. 滑模控制　　　C. 模糊控制　　　D. 专家控制

任务八

电机控制系统结构与检测

学习目标

（1）掌握电机控制系统组成。
（2）掌握电机控制器组成及原理。
（3）掌握电机控制系统工作原理。
（4）能正确使用检测仪器完成电机控制系统。
（5）培养建立民族自信心、增强民族自豪感和使命感，培养爱国主义精神。

任务描述

新能源汽车相较于传动内燃机汽车有着突破性改变的是驱动系统，新能源汽车采用的是电机驱动系统。电机控制是电机驱动系统的核心，是实现电机驱动系统任务和性能的重要保证。

本任务主要介绍了电机控制系统的组成、电机控制器的组成与原理、电机控制系统工作原理及电机控制系统的基础检测。

新能源汽车驱动电机及**控制技术**

> 知识准备

一、电机控制系统组成

电机控制系统，具有节约能源、噪声小、易于实现自动控制等优点，主要由电动机组件、电机控制器、减速器总成和电驱冷却系统等构成，通过高低压线束、冷却管路与整车其他系统连接，如图8-1所示。

图8-1 电驱系统组件

1. 驱动电机

驱动电机是电驱系统的重要执行机构，是实现电能与机械能转化的部件，依靠内置传感器来提供电机的工作信息，并将这些信息发送给电机控制器。图8-2所示为北汽EV160驱动电机。

图8-2 北汽EV160驱动电机

· 148 ·

2. 驱动电机控制器

电机控制器响应并反馈整车控制器根据驾驶员意图发出的各种指令，实时调整驱动电机输出，以实现控制驱动电机的转速、转向和通断。电机控制器另一个重要功能是通信和保护，实时进行状态和故障检测，保护驱动电机系统和整车安全可靠运行。图8-3所示为北汽 EV160 驱动电机控制器。

图 8-3 北汽 EV160 驱动电机控制器

3. 减速器总成

减速器总成主要功能是通过齿轮改变转矩的传递方向，通过差速器实现两侧车轮差速作用，保证内侧车轮、外侧车轮以不同转速滚动而非滑动。总的来说就是将整车驱动电机的转速降低、扭矩升高，以实现整车对驱动电机的扭矩、转速的需求。图8-4所示为北汽 EV160 减速器总成。

图 8-4 北汽 EV160 减速器总成

4. 电驱冷却系统

电驱冷却系统是采用水冷方式进行冷却，其功用表现为电驱系统中的驱动电机和电机控制器，在运行过程中会产生大量的热，这些热量会对电驱系统的正常工作和使用寿命造成不良影响。电机在运行过程中产生的热对电机的物理、电气和力学特征有

新能源汽车驱动电机及**控制技术**

着重要影响：一方面，当温度上升到一定程度时，电机的绝缘材料会发生本质的变化，最终使其失去绝缘能力；另一方面，随着电机温度的升高，电机中的金属构件强度和硬度也会逐渐下降。由电子元器件构成的电机控制器，同样会由于温度过高而导致电子器件的性能下降，出现不利影响，如过高温度会导致半导体结点、电路损害，增加电阻，甚至烧坏元器件。为保证电驱系统在运行过程中产生的热能能够及时散发出去，需要对电机驱动系统的驱动电机和电机控制器进行冷却，以确保它们在适宜的温度范围内工作。图8-5所示为北汽EV160电驱动冷却系统。

图 8-5　北汽 EV160 电驱冷却系统

二、电机控制器

电机控制器（motor control unit，MCU）响应并反馈整车控制器（vehicle control unit，VCU）根据驾驶员意图发出的各种指令，实时调整驱动电机输出，以实现控制驱动电机的转速、转向和通断。电机控制器（图8-6）另一个重要功能是通信和保护，实时进行状态和故障检测，保护驱动电机系统和整车安全可靠运行。

图 8-6　电机控制器

任务八
电机控制系统结构与检测

1. 电机控制器结构组成

北汽 EV160 电机控制器采用的是三相两电平电压源型逆变器,是电驱系统的控制中心,主要由模块面板组件、控制板组件、高压电容、带温度检测高压互锁开关、电流传感器、电压传感器、控制器箱体、控制器箱体盖等组成,如图 8-7 所示,其主要参数参见表 8-1。

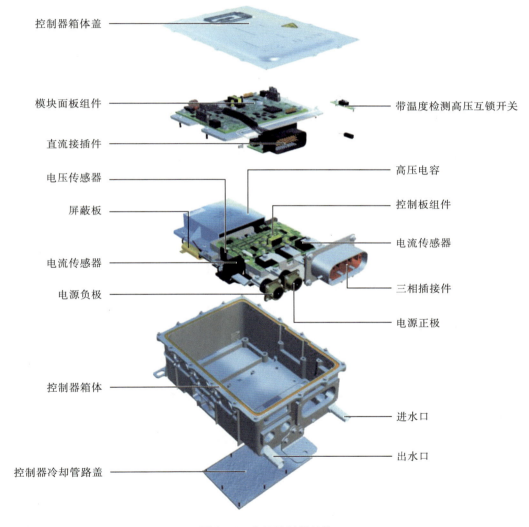

图 8-7 电机控制器结构

新能源汽车驱动电机及**控制技术**

表 8 - 1　北汽 EV160 电机控制器参数

项目	参数
直流输入电压	336 V
工作电压范围	252～403 V
控制电源电压	12 V
控制电源电压范围	9～16 V
质量	7.8 kg

　　控制板组件相当于模块面板组件的控制模块，可控制绝缘栅双极型晶体管（insulated gate bipolar transistor，IGBT）的通断，其控制信息来源于整车控制单元。带温度检测高压互锁开关和电动机组件中的功能和结构类似，包含温度传感器和触点式高压互锁开关两部分。

2. 电机控制器工作原理

　　电机控制器与驱动电机配套使用，由于动力电池是以直流方式供电，而驱动电机是永磁同步交流电机。当驱动电机驱动车辆行驶时，电机控制器需将动力电池的直流电转换为交流电（DC - AC 逆变）供给驱动电机。而当驱动电机作为发电机，回收能量时，电机控制器则需将交流电转换为直流电（AC - DC 整流），为动力电池充电。与此同时，电机控制器通过电流传感器、电压传感器及温度传感器实时监测自身与驱动电机的工作状态，确保电驱系统处于稳定的工作状态。

　　1）驱动过程 MCU 工作原理

　　当电机驱动车辆前行或倒退时，动力电池通过电源分配单元（power distribution unit，PDU）将高压直流电流向电机控制器，电机控制器将动力电池的高压直流电逆变为三相交流电，供给驱动电机，驱动车辆，如图 8 - 8 所示。

　　在车辆驱动过程中，电机控制器主要起逆变作用，其逆变电路主要由动力电池、绝缘栅双极型晶体管 IGBT1～IGBT6、电机、整车控制器（vehicle control unit，VCU）等组成。其中 VCU 控制 IGBT 的导通和截止。

　　当 VCU 控制 IGBT3 和 IGBT5 导通时，动力电池电流从电池正极流经 IGBT3 到驱动电机，从 W 相进、从 V 相出，通过 IGBT5 回到动力电池负极，形成回路，在驱动电机 W 相、V 相产生磁场，如图 8 - 9 所示。

　　当 VCU 控制 IGBT1 和 IGBT6 导通时，动力电池电流从电池正极流经 IGBT1 到驱动电机，从 U 相进、从 W 相出，通过 IGBT6 回到动力电池负极，形成回路，在驱动电机 U 相、W 相产生磁场，如图 8 - 10 所示。

任务八
电机控制系统结构与检测

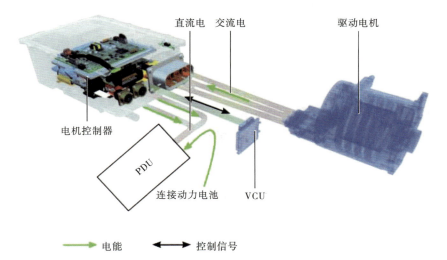

图 8-8 MCU 的驱动过程

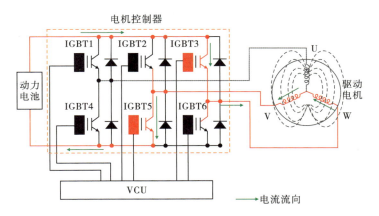

图 8-9 IGBT3 和 IGBT5 导通

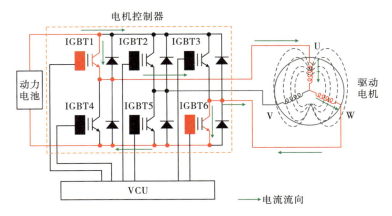

图 8-10 IGBT1 和 IGBT6 导通

当 VCU 控制 IGBT2 和 IGBT4 导通时，动力电池电流从电池正极流经 IGBT2 到驱动电机，从 V 相进、从 U 相出，通过 IGBT4 回到动力电池负极，形成回路，在驱动电机 V 相、U 相产生磁场，如图 8-11 所示。

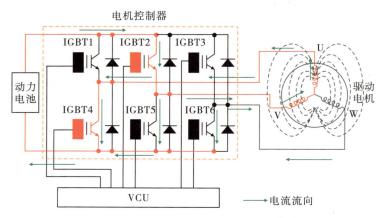

图 8-11　IGBT2 和 IGBT4 导通

如此连续不断地导通变化，在驱动电机绕组中形成连续的旋转磁场，根据电动机原理，转子在旋转磁场作用下形成旋转转矩。此外，改变 IGBT1～IGBT6 的触发信号频率和时间，就能改变逆变器输入驱动电机定子绕组电流空间相量的相位和幅值，以适应驱动电机的驱动需要。

2）能量回收过程 MCU 工作原理

当车辆减速或制动时，驱动电机转变为发电机，向电机控制器输送三相交流电，电机控制器将驱动电机输送过来的三相交流电正流成稳定的直流电，再通过高压控制盒，输送到动力电池，为动力电池充电，如图 8-12 所示。

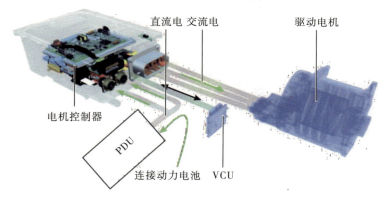

图 8-12　电机控制器的整流过程

在车辆能量回收过程中，电机控制器主要起整流作用，其整流电路主要由动力电池、二极管（D1～D6）、电机、整车控制器 VCU 等组成。电机控制器主要是利用其二极管的单向导电性能,将电机大三相交流电整流为直流电,如图 8-13 所示。

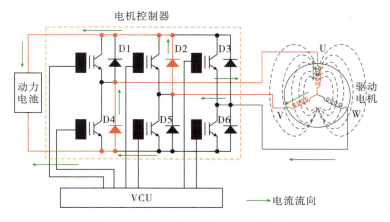

图 8-13 电机控制器的整流电路原理

3)监测

(1)温度监测。

温度监测分为对电机的温度监测和对电机控制器的温度监测,并通过 CAN 总线与整车控制器通信。

驱动电机温度接线盒中温度传感器检测到电机的绕组温度,并将温度信息传送给电机控制器。当控制器监测到驱动电机温度传感器显示:120 ℃≤温度<140 ℃时,降功率运行;温度≥140 ℃时,功率降至 0,即停机。驱动电机温度传感器的结构,如图 8-14 所示。

图 8-14 驱动电机温度传感器

电机控制器内部的温度传感器用以检测电机控制系统的工作温度,如图 8-15 所示。当控制器监测到电机控制器温度≥85 ℃时,需超温保护,即停机。当控制器监测到电机控制器温度:85 ℃≥温度≥75 ℃时,降功率运行。

新能源汽车驱动电机及**控制技术**

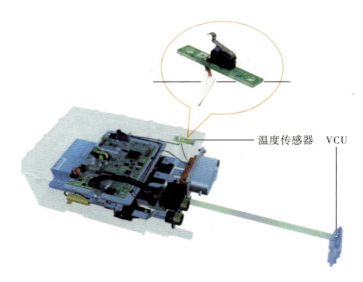

图 8-15　电机控制器的温度传感器

(2)电流监测。

电机控制器通过其内部 4 个电流传感器,对驱动电机工作的实际电流进行监测(包括母线电流、三相交流电流),如图 8-16 所示。

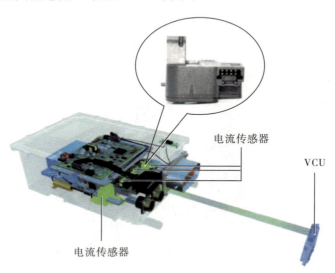

图 8-16　电机控制器的电流传感器

(3)电压监测。

电机控制器内部的电压传感器,对电机控制器工作的实际电压进行监测(包括动力电池电压、蓄电池电压),如图 8-17 所示。

任务八
电机控制系统结构与检测

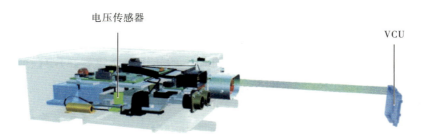

图 8-17 电机控制器的电压传感器

该控制方法与限制电流上下幅值的区别在于：当相电流大于电流斩波上限值时，就将功率开关元件关断一段固定的时间再开通。重新导通的触发条件不是电流的下限而是定时条件。在每一个控制周期内，关断时间恒定，但电流下降多少取决于绕组电感量、电感变化率、转速等因素，因此电流下限并不一致。关断时间过长，相电流脉动大，易发生"过斩"；关断时间过短，斩波频率又会较高，功率开关元件损耗增大。应该根据电机运行的不同状况来选择关断时间。

三、电机控制系统工作原理

电机控制系统以驾驶人的操作意图为输入条件，经整车控制器（VCU）转换成控制信号提供给电机控制器，电机控制器响应并反馈，控制电机的输出转矩，从而使电动汽车以驾驶人预期的状态行驶。当电机控制器同时收到制动和加速信号，则以制动信号优先。

当车辆驱动行驶时，电驱系统可将储存在动力电池中的电能高效地转化为车轮的动能，并能够在汽车减速或制动时，将车轮的机械能转化为电能充入动力电池。前者是将电能转化为机械能，后者是将机械能转化为电能。在能量转换和传递的过程中驱动电机和电机控制器会产生大量的热，电驱冷却系统可将热量及时带走，使电驱系统始终处于正常的温度范围，如图 8-18 所示。

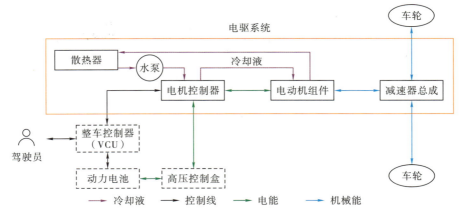

图 8-18 电驱系统能量转换关系图

新能源汽车驱动电机及**控制技术**

驱动状态（电能转化为机械能）：当车辆处于驱动状态，电机控制器接收整车控制器的控制信号，将输入的高压直流电逆变成电压、频率可调的三相交流电，供给电动机（三相交流永磁同步电动机）使用。电动机输出的转矩经减速器总成（传动装置）驱动车轮，使汽车行驶，如图 8-19 和 8-20 所示。

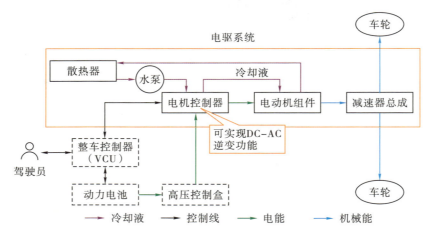

图 8-19　汽车驱动状态下的能量关系图

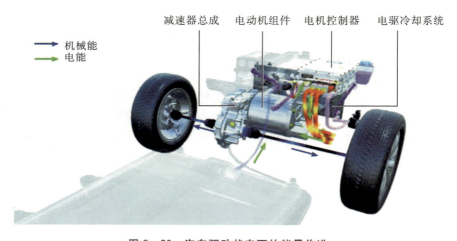

图 8-20　汽车驱动状态下的能量传递

汽车减速、制动状态（机械能转化为电能）：当车辆减速、制动的时候车辆能够进行能量回收，此时电动机转变为发电机，将车辆一部分的机械能转化为电能。与此同时，电机控制器接收整车控制器的控制信号，将输入的三相交流电整流为直流电储存到动力电池中，如图 8-21、图 8-22 所示。能量回收模式的条件：挡位置于 D/E 位置驾驶时，松开加速踏板或踩下制动踏板。

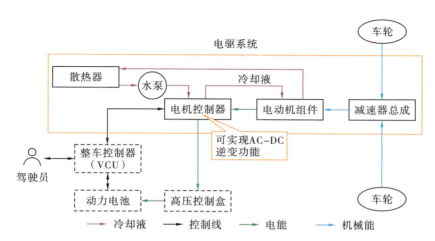

图 8-21 汽车减速、制动状态下的能量关系图

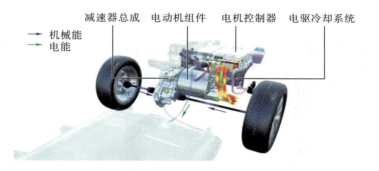

图 8-22 汽车减速、制动状态下的能量传递

思政扩展

构建资源节约型社会

再生制动能量回收技术是提高电动车续航里程的有效手段。同学们都知道传统内燃机把消耗的大部分燃料都转化为热能给散失掉了,而真正转化为有效机械能的部分不足百分之四十,可见资源浪费有多严重。

而节约资源是保护生态环境的根本之策。党的二十大报告指出"实施全面节约战略,推进各类资源节约集约利用,加快构建废弃物循环利用体系。"实施全面节约战略,要从思想意识、生产领域、消费生活等方面入手,发扬勤俭节约的优良传统、推进节约集约及循环利用、倡导简约绿色低碳生活。

希望同学们能够在心中真正建立起节约资源的意识,共同构建我们的节约型社会。

新能源汽车驱动电机及**控制技术**

实训技能　电机控制系统基本检测

实训目的

(1)能够正确使用工具检测电机控制系统组件。
(2)进行上车查看时需挂 P 挡或空挡,并按下驻车制动按钮。
(3)车辆正在充电时不得进入检查。

实训要求

(1)实训设备:EV160 纯电动汽车、举升机。
(2)实训工具:万用表(图 8-23)。

万用表　　　　　　　　举升机

EV160纯电动汽车

8-23　电机控制系统基本检测实训器材

· 160 ·

任务八
电机控制系统结构与检测

> 操作步骤

1. 电机控制器

1) 电机控制器基本检查

(1) 检查控制器外观(图8-24)。

(2) 检查各连接线束(图8-25)是否牢靠无破损,若发现有破损或者是异常状况应立即停止车辆使用,并将车辆移至厂家指定维修站点。

图8-24 检查控制器外观　　　　图8-25 检查连接线束

2) 电机控制器绝缘检查

(1) 断开蓄电池负极(图8-26)。

(2) 断开PDU低压插头等待5 min(图8-27)。

图8-26 断开蓄电池负极　　　　图8-27 断开PDC低压插头

(3) 断开电机控制器的高压输入接插器(图8-28),将兆欧表旋至500 V挡位。

(4) 将兆欧表黑表笔连接搭铁(图8-29),红表笔插入电机控制器的高压输入接插器A端子。

• 161 •

新能源汽车驱动电机及**控制技术**

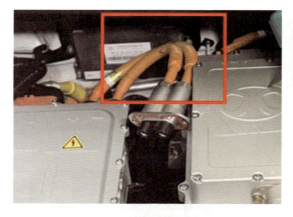

图 8-28 断开电机控制器的高压输入接插器

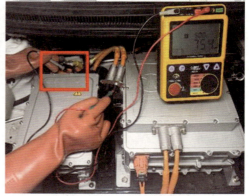

图 8-29 连接搭铁

（5）测量电机控制器的高压输入接插器 A 端子与搭铁之间的电阻值（图 8-30）。标准电阻值为大于 20 MΩ；若测量值小于标准值，则说明电机控制器短路损坏。

（6）以同样方法测量电机控制器的高压输入接插器 B 端子与搭铁之间的电阻值（图 8-31）。标准电阻值大于 20 MΩ，若测量值小于标准值，则说明电机控制器短路损坏。

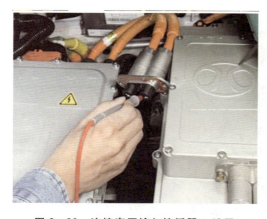

图 8-30 连接高压输入接插器 A 端子

图 8-31 连接接插器 B 端子

2. 驱动电机

1）驱动电机基本检查

目测检查驱动电机外观（图 8-32），是否无破损，各接插器连接是否可靠，线束是否无破损（图 8-33），若发现有破损或者是异常状况应立即停止车辆的使用，并将车辆移至厂家指定维修站点。

图 8-32 检查电机外观

图 8-33 检查连接线束

2)检查三相电机线圈

(1)按压锁舌断开三相接插器(图 8-34),将万用表旋至 500 V 挡位。

(2)用万用表测量 2 绕组 W 和 U 电路是否断路损坏(图 8-35);标准电阻值小于 1 Ω,若测量值大于标准值,则说明线圈断路损坏。

图 8-34 按压锁舌

图 8-35 测量 2 绕组

(3)交换绕组以同样方法测量其他绕组(W 和 V、U 和 V)是否损坏(图 8-36)。

图 8-36 测量其他绕组

(4)测量完成接插器复位。

3. 电动水泵基本检查

(1)目测电动水泵外观是否有破损(图 8-37)。

(2)检查各连接管是否有破损或者油液泄漏(图 8-38),如发现异常状况应及时维修。

图 8-37 检查电动水泵外观

图 8-38 检查连接管

学习小结

1. 电机控制系统组成

由电动机组件、电机控制器、减速器总成和电驱冷却系统组成。

2. 驱动电动机功能

驱动电动机是电驱系统的重要执行机构,是实现电能与机械能转化的部件,依靠内置传感器来提供电机的工作信息,并将这些信息发送给电机控制器。

3. 驱动电机控制器功能

电机控制器响应并反馈整车控制器根据驾驶员意图发出的各种指令,实时调整驱动电机输出,以实现控制驱动电机的转速、转向和通断。电机控制器另一个重要功能是通信和保护,实时进行状态和故障检测,保护驱动电机系统和整车安全可靠运行。

4. 电机控制器功能

(1)响应并反馈整车控制器根据驾驶员意图发出的各种指令,实时调整驱动电机输出,以实现控制驱动电机的转速、转向和通断。

(2)通信和保护功能,实时进行状态和故障检测,保护驱动电机系统和整车安全可靠运行。

5. 电机控制器工作原理

（1）驱动：电机控制器需将动力电池的直流电转换为交流电（DC - AC 逆变）供给驱动电机。

（2）能量回收：电机控制器需将交流电转换为直流电（AC - DC 整流），为动力电池充电。

（3）监测：通过电流传感器、电压传感器及温度传感器实时监测电机控制器与驱动电机的工作状态，确保电驱系统处于稳定的工作状态。

新能源汽车驱动电机及**控制技术**

课后习题

1. 判断题

(1)电驱系统具有节约能源、噪声小、不易于实现自动控制等优点。（　　）

(2)电机控制器的重要功能是通信和保护，适时进行状态和故障检测，保护驱动电机系统和整车安全可靠运行。（　　）

(3)电驱冷却系统的功能是检测和控制驱动电机和电机控制器，在运行过程中会产生大量的热量。（　　）

(4)电机控制器实时进行驱动电机的状态和故障检测，保护驱动电机系统和整车安全可靠运行。（　　）

(5)电机控制器仅仅只有 DC－AC 逆变功能，无 AC－DC 整流功能。（　　）

2. 单选题

(1)以下选项中不是电驱系统常见故障的是(　　)。

A. 电压传感器损坏　　　　　　　　B. 电机控制器短路损坏

C. 电机线圈断路损坏　　　　　　　D. 接插件损坏、松动

(2)学生甲说："减速器总成能使整车驱动电机的转速降低、扭矩升高，以实现整车对驱动电机的扭矩、转速需求。"；学生乙说："减速器总成是进行制动能量回收的关键系统。"学生甲和学生乙谁的说法是正确的？(　　)

A. 只有甲学生正确　　　　　　　　B. 只有乙学生正确

C. 甲学生和乙学生都正确　　　　　D. 甲学生和乙学生都不正确

(3)当控制器监测到驱动电机温度传感器显示(　　)，功率降至0，即停机。

A. 120 ℃≤温度＜140 ℃　　　　　　B. 温度≥140 ℃

C. 温度≥85 ℃　　　　　　　　　　D. 85 ℃≥温度≥75 ℃

(4)北汽 EV160 电机控制器中共有(　　)个电流传感器。

A. 1　　　　　　B. 2　　　　　　C. 3　　　　　　D. 4

任务九

轮毂电机结构与检测

学习目标

(1) 掌握轮毂电机驱动系统的分类。
(2) 掌握轮毂电机的结构。
(3) 掌握轮毂电机的工作原理。
(4) 能够正确使用仪器完成轮毂电机检测。
(5) 激发敢为人先、不断创新的信心,培养奋发图强、报效国家的精神。

任务描述

随着煤、石油、天然气等化石能源的不断消耗和环境的不断恶化,无污染、噪声低且不依赖化石能源的新能源汽车逐渐成为汽车行业重要的发展趋势。新能源车型的驱动技术和传统内燃机汽车有着不小的区别,而其中有一类驱动技术有着很大的发展前景,就是轮毂电机技术。

本任务主要介绍轮毂电机驱动系统的类型、轮毂电机结构以及轮毂电机检测。

新能源汽车驱动电机及**控制技术**

> 知识准备

一、轮毂电机驱动系统分类

轮毂电机驱动系统是将轮毂和驱动装置直接合并为一体的电机，也就是将电极、传动和制动装置都整合到轮毂中，如图 9-1 所示。

图 9-1 轮毂电机驱动系统

轮毂电机驱动系统按驱动方式可分为减速驱动和直接驱动两大类。

1. 减速驱动轮毂电机

减速驱动型一般多采用高速内转子电机，同时配备固定传动比的减速器。为了能获得较高的功率密度，电机转速最高可达 10000 r/min。减速器一般采用行星齿轮减速机构，安装在电机和轮毂之间。电机输出的转矩通过行星齿轮减速器的减速增矩驱动轮毂转动，如图 9-2 所示。

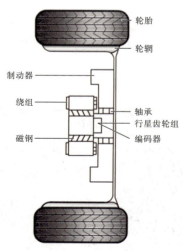

图 9-2 减速驱动型结构示意图

· 168 ·

2. 直接驱动轮毂电机

直接驱动轮毂电机一般采用低速外转子电机，外转子直接与轮毂连接，电机转速一般在 1500 r/min 以内，无减速机构，车轮转速与电机转速一致。

如图 9-3 所示，直接驱动型轮毂电机动力系统通常由电机定子、电机转子、电机控制器等组成。

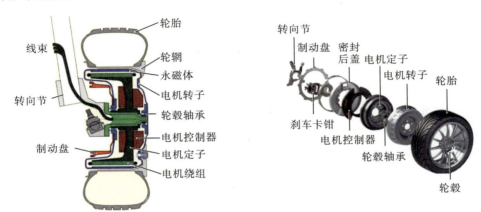

图 9-3 直接驱动轮毂电机结构

电机转子：电机转子内圈镶嵌有永磁体。

轴承：轴承内端与转子以及轮辋连接。轴承可直接采用与原车匹配的轴承，仅需对转子及定子上与轴承配合的安装孔的位置稍作修改即可，电机的主体结构完全不变。这使得该轮毂电机可以方便地实现模块化与通用化，降低成本。

电机定子：电机定子本体为环形中空结构，铸造一次成型，线圈绕组安装在定子本体的外圈；定子本体中空部分为电机的冷却水道，为绕组以及电机控制器散热。

电机控制器：此部分为整个轮毂电机的核心，负责电机的逆变功能以及协同控制。整个模块封装在一个环形盒中，安装在定子本体内侧。

密封后盖：在外圈与转子连接，随转子一起旋转。后盖内圈装有环形密封胶圈，防止外界的水和杂物进入定子与转子之间的缝隙。

轮毂电机的电机镶嵌在车轮内，定子固定在轮胎上，转子固定在车轴上，一通电则定转子相对运动。电子换向器（开关电路）根据位置传感器信号，控制定子绕组通电顺序和时间，产生旋转磁场，驱动转子旋转，转子带动轮胎旋转，从而驱动车辆。

二、轮毂电机驱动系统特点

1. 轮毂电机驱动系统的优点

相对于常见的中央布置式驱动电机，轮毂电机设计安装在车轮的轮辋内，输出扭矩直接传输到车轮，是一种全新的电动汽车驱动形式。与传统电机相比，轮毂电机具有以下优点：

（1）轮毂电机安装在车轮内部，直接驱动车轮，省略了传统的变速器、减速器、差速器、传动轴等机械传动部件，提高了传动效率，降低了机械噪声。

（2）采用轮毂电机使得汽车整体结构大为简化，提高了车内空间的利用率，在不影响乘员乘坐空间的情况下，释放更多的空间用于布置动力电池，以增加电动汽车的续驶里程。

（3）安装轮毂电机的各驱动轮的驱动力独立可控，使得整车的动力学控制更为灵活，方便地实现底盘系统的电子化和智能化，如差速、防滑、电制动及辅助转向等功能。

（4）安装轮毂电机只需对悬架安装部分稍作改动，而不需对整车结构进行大改，甚至不需改变原车的动力总成系统，即可方便地实现原车的电动化。

可见，轮毂电机的应用改变了汽车传统的驱动方式，具有不可替代的特点与优势，必将在电动汽车上得到广泛应用。

2. 轮毂电机驱动系统的不足

与传统的中央布置式驱动电机相比，轮毂电机有其不可比拟的优势。然而，现阶段轮毂电机在电动汽车上的应用仍存在一些技术问题。

（1）结构复杂。轮毂电机具有结构紧凑，集成度高的优点，但同时却带来了结构复杂、可靠性差、维修难度大等问题，使用的维保成本较高。

（2）工作环境恶劣。轮毂电机安装在汽车轮辋内部，在汽车行驶过程中，将直接受到地面的振动冲击，以及路面的泥水砂石的飞溅，工作环境十分恶劣，如何提高电机的抗冲击能力以及密封性能，需要经过长期的试验验证以及技术改进。

（3）机械制动的集成。目前轮毂电机已有了机械制动的集成方案，但该方案并不成熟，所采用的环形制动盘制动力臂大，摩擦片制动面积小，存在易变形、抖动大、发热量大等问题，其制动能力及可靠性仍有待验证。

（4）簧下质量的增加。轮毂电机安装在汽车轮毂内部，导致汽车簧下质量的大幅增加，这将影响整车的平顺性以及操稳性，需要对汽车的悬挂系统参数进行针对性改动。

三、轮毂电机的分类

1. 轮毂电机的分类

轮毂电机按照工作原理分为永磁式、感应式、开关磁阻式。三种电机的工作原理与控制方式与前面所述基本相同，因此不再赘述。

轮毂电机系统的驱动电机按照电机磁场的类型分为轴向磁场和径向磁场两种类型。

① 轴向磁场电机的结构利于热量散发，并且它的定子可以不用铁芯。

② 径向磁场电机的定转子之间受力比较均衡，磁路由硅钢片叠压得到，技术更简单、成熟。

2. 轮毂电机的特点

① 感应（异步）式电机的优点为结构简单、坚固耐用、成本低廉、运行可靠、转矩脉动小、噪声低、不需要位置传感器、转速极限高；缺点为驱动电路复杂、成本高，相对于永磁电机而言，异步电机效率和功率密度偏低。

② 无刷永磁同步电机可采用圆柱形径向磁场结构或盘式轴向磁场结构，具有较高的功率密度和效率，以及宽广的调速范围，发展前景非常广阔，已在国内外多种电动汽车中获得应用。

③ 开关磁阻式电机的优点是结构简单，制造成本低廉，转速、转矩特性好等，适用于电动汽车驱动；缺点是设计与控制非常困难、运行噪声大。

思政扩展

轮毂电机技术是实现新能源汽车产业弯道超车的中国梦

目前，小型化、高速化将是新能源汽车电机的主要发展趋势。其中，小型化必然要求电机功率密度有大幅度提升，所以轮毂电机越来越受到国内厂家的青睐；而高速化带来的是对电机散热要求的提升，冷却方式也倾向于采用油冷，轮毂电机可以使得冷却油最大可能接触热源。

通过轮毂电机技术的应用，新能源汽车产业可以实现产业弯道超车。这项技术的创新性和高效性使得新能源汽车具备更好的竞争力，并能够满足消费者对环保、节能和高性能的需求。

中国作为全球最大的汽车市场之一，在新能源汽车领域具有巨大的发展潜力。通过加大对轮毂电机技术的研发和应用，中国可以加快新能源汽车产业的发展步伐，推动整个产业链的升级和转型。同时，更广泛的产业合作和政策支持也是实现新能源汽车产业弯道超车的重要因素。

作者认为，在趋势确定的情况下，谁优先开发并量产轮毂驱动电机，谁就能提前锁定整车客户，享受到轮毂电机驱动市场爆发的红利，并借此优化自身开发实力、实现规模化低成本量产。所以我国大力发展自己的技术从事轮毂电机的开发，就是使我国在新能源驱动技术方面实现弯道超车的关键。

新能源汽车驱动电机及控制技术

实训技能　轮毂电机检测

实训目的

（1）掌握轮毂电机的检测内容。
（2）掌握轮毂电机操作步骤。

实训要求

（1）注意正确使用万用表的表笔，不要用力过大使其弯曲。
（2）进行上车查看时需挂 P 挡或空挡，并按下驻车制动按钮。
（3）车辆正在充电时不得进入检查。

实训耗材

（1）设备准备：电动自行车轮毂电机（图 9-4）。
（2）实训工具：万用表。

万用表　　　　　　　　　电动自行车车轮毂电机

图 9-4　轮毂电机检测工具及器材

操作步骤

（1）检查轮毂电机三相线之间是否存在短路或断路。
①选用数字万用表，并旋至电阻挡。
②依次检测三相线束，黄蓝、黄绿、绿蓝之间的阻值是否符合标准值。标准值请参考维修手册。

若不符合标准，请检查线束是否存在短路或断路情况，并进行相应的维修。

（2）测量三相线束与壳体之间的电阻。

（3）选用数字万用表，并旋至电阻挡。

（4）依次检测三相线束，黄、绿、蓝三根线与壳体之间的阻值是否符合标准值。标准值请参考维修手册。

若不符合标准值，请进行相应的检查和维修。

学习小结

（1）轮毂电机驱动系统按驱动方式可分为减速驱动和直接驱动两大类。

（2）减速驱动型一般多采用高速内转子电机，同时配备固定传动比的减速器，从而起到减速增扭的作用，为了能获得较高的功率密度，电机转速最高可达 10000 r/min。

（3）直接驱动型一般采用低速外转子电机，外转子直接与轮毂连接，电机转速一般在 1500 r/min 以内，无减速机构，车轮转速与电机转速一致。

（4）轮毂电机分为永磁式、感应式、开关磁阻式。

（5）轮毂电机系统的驱动电机按照电机磁场的类型分为径向磁场和轴向磁场两种类型。

（6）直接驱动型轮毂电机动力系统通常由电机定子、电机转子、电机控制器等组成。

（7）轮毂电机是电机镶嵌在车轮内，定子固定在轮胎上，转子固定在车轴上，一通电则定子、转子相对运动。电子换向器（开关电路）根据位置传感器信号，控制定子绕组通电顺序和时间，产生旋转磁场，驱动转子旋转，转子带动轮胎旋转，从而驱动车辆。

新能源汽车驱动电机及**控制技术**

课后习题

1. 判断题

(1)减速驱动型轮毂电机系统一般多采用低速外转子。　　　　　　　　(　　)

(2)直接驱动型轮毂电机系统一般多采用高速内转子。　　　　　　　　(　　)

(3)减速驱动型轮毂电机系统一般适用于过载能力较大的场合。　　　　(　　)

(4)直接驱动型轮毂电机系统一般适用于过载能力较小的场合。　　　　(　　)

2. 单选题

(1)轮毂电机系统中不使用以下哪种电机？(　　)

　A. 有刷电机　　　　　　　　　　　B. 无刷永磁同步电机

　C. 三相异步电机　　　　　　　　　D. 开关磁阻电机

(2)下列不属于无刷永磁同步电机的特点是(　　)。

　A. 较高的功率密度　　　　　　　　B. 较高的功率

　C. 宽广的调速范围　　　　　　　　D. 坚固耐用

(3)下列不属于开关磁阻电机的特点是(　　)。

　A. 结构简单　　　　　　　　　　　B. 驱动电路复杂

　C. 运行噪声大　　　　　　　　　　D. 制造成本低

(4)下列哪个部件是整个轮毂电机的核心？(　　)。

　A. 定子　　　　B. 转子　　　　C. 绕组　　　　D. 电机控制器